Langage C++ et calcul scientifique

avec 30 exercices et problèmes corrigés

et code C++ en ligne

Pierre Saramito

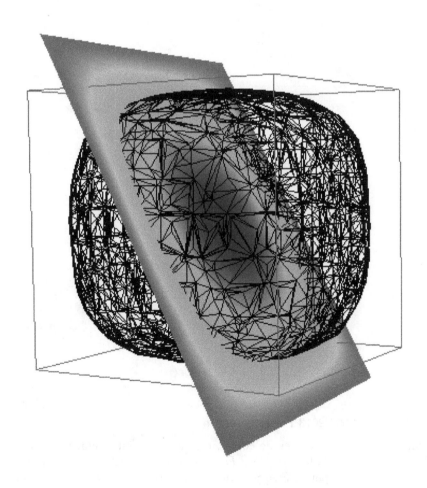

À Claire

Préface

La simulation numérique est devenue essentielle dans de nombreux domaines tels que la mécanique des fluides et des solides, la météo, l'évolution du climat, la biologie ou les semi-conducteurs. Elle permet de comprendre, de prévoir, d'accéder là où les instruments de mesures s'arrêtent.

Ce livre présente des méthodes performantes du calcul scientifique : matrices creuses, résolution efficace des grands systèmes linéaires, ainsi que de nombreuses applications à la résolution par éléments finis et différences finies. Alternant algorithmes et applications, les programmes sont directement présentés en langage C++. Ils sont sous forme concise et claire, et utilisent largement les notions de classe et de généricité du langage C++.

Le contenu de ce livre a fait l'objet de cours de troisième année à l'école nationale supérieure d'informatique et de mathématiques appliquées de Grenoble (ENSIMAG) ainsi qu'au mastère de mathématiques appliquées de l'université Joseph Fourier. Des connaissances de base d'algèbre matricielle et de programmation sont recommandées. La maîtrise du contenu de cet ouvrage permet d'appréhender les principaux paradigmes de programmation du calcul scientifique. Il est alors possible d'appliquer ces paradigmes pour aborder des problèmes d'intérêt pratique, tels que la résolution des équations aux dérivées partielles, qui est abordée au cours de ce livre. La diversité des sujets abordés, l'efficacité des algorithmes présentés et leur écriture directe en langage C++ font de cet ouvrage un recueil fort utile dans la vie professionnelle d'un ingénieur.

Le premier chapitre présente les bases fondamentales pour la suite : présentation du langage C++ à travers la conception d'une classe de quaternions et outils d'analyse asymptotique du temps de calcul des algorithmes. Le second chapitre aborde l'algorithme de transformée de Fourier rapide et développe deux applications à la discrétisation d'équations aux dérivées partielles par la méthode des différences finies. Le troisième chapitre est dédié aux matrices creuses et à l'algorithme du gradient conjugué. Ces notions sont appliquées à la méthode des éléments finis. En annexe sont groupés des exemples de génération de maillage et de visualisation graphique.

S'il est cependant recommandé de maîtriser les notions du premier chapitre pour aborder le reste du livre, les chapitres deux et trois sont complètement indépendants et peuvent être abordés séparément. Ces chapitres sont complétés par des exercices qui en constituent des développements, ainsi que des notes bibliographiques retraçant l'historique des travaux et fournissant des références sur des logiciels et librairies récents implémentant ou étendant les algorithmes présentés.

Les codes C++ présentés au long de ce livre ainsi que dans les exercices sont disponibles librement à l'adresse http://www-ljk.imag.fr/membres/Pierre.Saramito/books sous la licence GNU public licence.

Remerciements

Je tiens à remercier chaleureusement plusieurs collègues pour leurs remarques constructives qui ont permit d'améliorer le manuscrit. En particulier, mes remerciements vont vers Christophe Prior (ENSIMAG, Grenoble) et Ibrahim Cheddadi (Université Pierre et Marie Curie, Paris).

Table des matières

Chapitre 1

Introduction à l'algorithmique numérique en C++

L'objectif de ce premier chapitre est d'introduire, à travers des exemples concrets, un certain nombre de notions clefs du langage C++ ainsi que de l'analyse asymptotique des algorithmes. Ces notions seront ensuite utilisées tout au long de ce livre.

1.1 Quaternions

1.1.1 Concept

Nous allons présenter, à travers un exemple concret, les notions fondamentales du langage C++ qui nous seront utiles par la suite : conception de classe, classe paramétrée par un type, généricité, surcharge d'opérateurs, librairie standard. Nous considérons ici que le lecteur possède déjà quelques rudiments de programmation C++. L'excellent ouvrage de Stroustrup [55], le concepteur même de ce langage, pourra être consulté avec profit en ce qui concerne la définition même du langage. Nous nous intéressons à une classe représentant des quaternions, une extension des nombres complexes. Les quaternions ont été introduits en 1853 par Hamilton. Ils ont plus tard été utilisés en mécanique quantique, et, plus récemment, en animation 3D, pour calculer des rotations d'axes [51]. Les quaternions sont des nombres *hypercomplexes* qui forment un groupe non commutatif. Ils peuvent être représentés à l'aide de matrices complexes 2×2 :

$$h = \begin{pmatrix} z & w \\ -\bar{w} & \bar{z} \end{pmatrix} = \begin{pmatrix} a+ib & c+id \\ -c+id & a-ib \end{pmatrix} = a\mathcal{U} + b\mathcal{I} + c\mathcal{J} + d\mathcal{K}$$

avec

$$\mathcal{U} = \begin{pmatrix} 1 & 0 \\ 0 & 1 \end{pmatrix}, \ \mathcal{I} = \begin{pmatrix} i & 0 \\ 0 & -i \end{pmatrix}, \ \mathcal{J} = \begin{pmatrix} 0 & 1 \\ -1 & 0 \end{pmatrix}, \ \mathcal{K} = \begin{pmatrix} 0 & i \\ i & 0 \end{pmatrix}$$

et $\mathcal{I}^2 = \mathcal{J}^2 = \mathcal{K}^2 = -\mathcal{U}$ généralisent les nombres imaginaires purs. Par définition, la norme de h est $|h| = \sqrt{|z|^2 + |w|^2}$ et son conjugué $\bar{h} = a\mathcal{U} - b\mathcal{I} - c\mathcal{J} - d\mathcal{K}$.

1.1.2   Implémentation de la classe

Étudions l'interface de la classe `complex` de la librairie standard C++ :

<complex>

```
template <typename T>
class complex {
  public:
    complex(const T& a=0, const T& b=0);
    complex(const complex<T>& z);
    complex<T>& operator= (const complex<T>& z);
    T& real();
    T& imag();
    const T& real() const;
    const T& imag() const;
  protected:
    T re, im;
};
```

La définition de la classe se découpe en plusieurs parties : le nom de la classe, les données membres et les fonctions membres. La déclaration `class complex` permet de nommer la classe. L'ajout de `template <class T>` introduit un paramétrage de cette classe par le type T. Le corps de la classe, constitué des données et des fonctions membres, est défini entre accolades. La partie `public` peut être accédée librement et regroupe ici les fonctions membres. La partie `protected` ne peut être accédé directement : elle regroupe ici les données `im` et `re`, de type T, qui sont les parties réelle et imaginaire. L'accès à ces données est restreint à un usage interne à la classe : il faudra passer par des fonctions membres pour y accéder. Ainsi, les fonctions membres permettent de définir un interface sur des données.

Les fonctions membres comprennent deux constructeurs, qui portent le même nom `complex` que la classe, un opérateur d'affectation `operator=` ainsi que quatre fonctions d'accès aux parties réelle et imaginaire. Ces dernières sont appelées *accesseurs*. Le premier constructeur prend deux réels en arguments. Ces arguments ont tous deux des valeurs par défaut, si bien qu'il est possible de déclarer un nombre complexe sans préciser de valeur : ce sera zéro. Nous avons affaire au *constructeur par défaut*. Lorsque ce même constructeur est appelé avec un seul argument de type flottant, il convertit cette valeur en nombre complexe : nous avons affaire à une *conversion implicite de type*. Le deuxième constructeur est le *constructeur de copie* : il ne possède qu'un seul argument, de même type `complex` que la classe. L'opérateur d'affectation `operator=` prend également en argument un nombre complexe.

Passons à l'étude des *accesseurs*. Pour chaque accesseur `real()` et `imag()`, le langage C++ permet de spécifier si l'accès est en *lecture et écriture*, ce qui permet alors de modifier les données de la classe, ou si l'accès est en *lecture seule*, ce qui ne permet pas de modification des données. L'accès en lecture seule est agrémenté du mot-clef `const`, et renvoie une référence constante sur les données : `const T&`. L'accès en lecture et écriture renvoie une référence `T&` sans la restreindre à être constante : ce type d'accès permettra de modifier les données `re` et `im` contenues dans la classe. La classe des nombres complexes de la librairie standard du C++ La classe `complex` est complétée par les opérations d'algèbre usuelles $+$, $-$, $*$, $/$, ainsi que `conj(z)` qui renvoie le conjugué `abs(z)` qui renvoie le module et `norm(z)` qui renvoie le carré du module. La librairie fournit également les fonctions mathématiques classiques telles que logarithme, exponentielle, etc.

La classe est globalement paramétrée par le type `T` qui représente le type à virgule flottante approchant les nombres réels, et utilisé pour les parties réelles et imaginaires. Dans le langage C++, il existe pour cela trois types prédéfinis : `float`, `double` et `long double`. Le type `float` est limitée à une précision de six décimales et s'écrit sur quatre octets. Le type `double` possède une précision de quinze décimales et s'écrit sur huit octets. Le type `long double` dépend de la machine et du compilateur : il s'écrit sur douze ou seize octets, et a au moins une précision de quinze décimales. Ainsi, un `long double` peut représenter une triple ou quadruple précision. Le paramétrage par un type `T` nous permet également d'utiliser d'autres classe de nombre à virgule flottante que celles prédéfinies par le langage C++ : de nombreuses librairies C++ proposent des nombres à virgule flottante ayant des propriétés très variées. Ainsi, la librairie `qd` propose des précisions quadruple et octuple [32] très performantes. Dans la librairie GNU multi-précision `gmp` [28], la précision des nombres à virgule flottante peut être arbitrairement fixée par l'utilisateur, et un grand nombre de décimales deviennent accessibles. Le paramétrage par un type flottant permet de donner un caractère *générique* à cette classe : il n'est plus nécessaire de la ré-écrire pour chaque nouveau type de nombre à virgule flottante.

Abordons à présent l'implémentation de notre classe `quaternion` :

quaternion.h

```
#include <complex>
template <typename T>
class quaternion {
  public:
    quaternion (const T& a=0, const T& b=0,
                const T& c=0, const T& d=0);
    quaternion (const std::complex<T>& z,
                const std::complex<T>& w=std::complex<T>());
    quaternion (const quaternion<T>& h);
    quaternion<T>& operator= (const quaternion<T>& h);
    std::complex<T>& z();
    std::complex<T>& w();
    const std::complex<T>& z() const;
    const std::complex<T>& w() const;
  protected:
    std::complex<T> zc, wc;
};
```

Nous avons choisi de représenter un quaternion par deux nombres complexes `zc` et `wc` plutôt que par quatre réels : ce choix permet d'écrire les opérations algébriques de façon plus compacte en réutilisant les opérations définies dans la classe `complex`. Notre choix a été également guidé par la volonté de construire une classe `quaternion` ayant le même type d'interface, et qui soit compatible avec la classe `complex` de la librairie standard C++. Remarquons le préfixe `std::` devant `complex`. Cette classe est accessible dans la librairie standard via l'*espace de nom* `std` après inclusion du fichier d'entête correspondant. Le premier constructeur prend quatre arguments. Ces arguments ont tous une valeur par défaut. Il est donc possible de déclarer un quaternion sans préciser de valeur : ce sera zéro. Nous reconnaissons là le *constructeur par défaut*. Le troisième constructeur est le *constructeur de copie*. L'opérateur d'affectation `operator=` prend également en argument un quaternion. Voici l'implémentation des constructeurs et opérateurs d'affectation :

quaternion.h (suite)

```
template <typename T>
quaternion<T>::quaternion (
   const T& a, const T& b, const T& c, const T& d)
   : zc(a,b), wc(c,d) {}
template <typename T>
quaternion<T>::quaternion (
   const std::complex<T>& z, const std::complex<T>& w)
   : zc(z), wc(w) {}
template <typename T>
quaternion<T>::quaternion (const quaternion<T>& h)
   : zc(h.zc), wc(h.wc) {}
template <typename T>
quaternion<T>&
quaternion<T>::operator= (const quaternion<T>& h) {
   zc = h.zc; wc = h.wc;
   return *this;
}
```

Les trois constructeurs présentent une syntaxe très spécifique au langage C++, avec : suivi d'une liste d'initialision des données `zc` et `wc` à l'aide des valeurs des arguments. L'opérateur d'affectation `operator=` donne également une valeur aux données puis retourne `*this`, qui est une référence sur le quaternion courant. Écrivons à présent les accesseurs de la classe :

quaternion.h (suite)

```
template <typename T>
std::complex<T>&
quaternion<T>::z() { return zc; }
template <typename T>
std::complex<T>&
quaternion<T>::w() { return wc; }
template <typename T>
const std::complex<T>&
quaternion<T>::z() const { return zc; }
template <typename T>
const std::complex<T>&
quaternion<T>::w() const { return wc; }
```

Le langage C++ permet aux utilisateurs de définir eux-même des notations infixées telles que `h1+h2` entre deux éléments d'une classe. Ceci ce fait à travers la définition d'une fonction appelée `operator+`. La syntaxe infixée `h1+h2` est rigoureusement équivalente à la syntaxe préfixée `operator+(h1,h2)`, mais la première est plus proche de l'écriture mathématique usuelle et permet des écritures en cascade, telles que `h1+h2+h3`, ce qui est beaucoup plus lisible que la notation infixée correspondante. L'addition entre deux quaternions se définit simplement par :

quaternion.h (suite)

```
template <typename T>
quaternion<T>
operator+ (const quaternion<T>& h, quaternion<T> m) {
  quaternion<T> r;
  r.z() = h.z() + m.z();
  r.w() = h.w() + m.w();
  return r;
}
```

Les opérateurs de soustraction et de multiplication sont analogues :

quaternion.h (suite)

```
template <typename T>
quaternion<T>
operator- (const quaternion<T>& h, quaternion<T> m) {
  quaternion<T> r;
  r.z() = h.z() - m.z();
  r.w() = h.w() - m.w();
  return r;
}
template <typename T>
quaternion<T>
operator* (const quaternion<T>& h1, quaternion<T> h2) {
  quaternion<T> r;
  r.z() = h1.z()*h2.z() - h1.w()*conj(h2.w());
  r.w() = h1.z()*h2.w() + h1.w()*conj(h2.z());
  return r;
}
```

Le quaternion conjugué est noté $\bar{h} = \bar{z} - w$, et se définit en C++ en réutilisant la fonction correspondante de la classe `complex` :

quaternion.h (suite)

```
template <typename T>
quaternion<T> conj (const quaternion<T>& h) {
  quaternion<T> r;
  r.z() = conj(h.z());
  r.w() = -h.w();
  return r;
}
```

Le module d'un quaternion est $|h| = \sqrt{|z|^2 + |w|^2}$ où $|z|$ et $|w|$ sont les modules des nombres complexes z et w.

quaternion.h (suite)

```
template <typename T>
T norm (const quaternion<T>& h) {
 return norm(h.z()) + norm(h.w());
}
template <typename T>
T abs (const quaternion<T>& h) {
 return sqrt(norm(h));
}
```

La fonction `abs` renvoie le module et la fonction `norm` renvoie le carré du module : ceci sert à ne pas inutilement extraire des racines carrées pour ensuite élever au carré.

Par définition du module, nous avons $h\bar{h} = |h|^2$ ce qui permet de définir l'inverse de h par : $h^{-1} = \bar{h}/|h|^2$. Ceci va nous permettre d'introduire la division entre deux quaternions :

quaternion.h (suite)

```
template <typename T>
quaternion<T>
operator/ (const quaternion<T>& h1, const quaternion<T>& h2)
{
  quaternion<T> r = h1*conj(h2);
  T deno = abs(h2.z())*abs(h2.z()) + abs(h2.w())*abs(h2.w());
  r.z() /= deno;
  r.w() /= deno;
  return r;
}
```

La classe `complex` a pour convention d'afficher les parties réelle et imaginaire entre parenthèses et séparées par une virgule. Ainsi, $z = 3 + 2i$ sera formaté $(3,2)$. Étendons aux quaternions cette conversion de la façon suivante : nous écrirons le quaternion $h = 3 + 2i + 5j + 7k$ en écrivant ses deux nombres complexes, parenthésés et séparés par des virgules, soit $((3,2),(5,7))$. Les entrées et sorties du C++ font appel à la notion de flot : les flots sont de types respectifs `istream` et `ostream` et sont définis dans la librairie standard. Cette notion étend de façon très souple la notion plus classique de descripteur de fichier. Les flots permettent de spécifier la manière dont les données sont lues ou écrites. Pour écrire un nombre complexe `z` sur un flot de sortie `out`, nous utiliserons l'instruction `out << z`. L'écriture s'effectue via l'opérateur infixé `operator<<` entre un `ostream` et un `complex`. L'opérateur infixé `operator<<` a l'avantage de pouvoir s'utiliser en cascade, ce qui permet une programmation très lisible des instructions d'écriture.

La fonction d'écriture d'un quaternion se code suivant :

quaternion.h (suite)

```
#include <iostream>
template<typename T>
std::ostream&
operator<< (std::ostream& out, const quaternion<T>& h) {
  out << "(" << h.z() << ", " << h.w() << ")";
  return out;
}
```

Les fonctions de lecture sont souvent plus longues et compliqués de les fonctions d'écriture, car elles testent différentes variantes d'écriture et détectent les erreurs de format d'entrée.

quaternion.h (suite)

```
template<typename T>
std::istream&
operator>> (std::istream& is, quaternion<T>& h) {
  std::complex<T> z, w;
  char c; is >> c;
  if (c == '(') {
    is >> z >> c;
    if (c == ',') {
      is >> w >> c;
      if (c == ')') h = quaternion<T>(z, w);
      else          is.setstate(std::ios_base::failbit);
    } else {
      if (c == ')') h = z;
      else          is.setstate(std::ios_base::failbit);
    }
  } else {
    is.putback(c);
    is >> z;
    h = z;
  }
  return is;
}
```

Notez que l'argument de type quaternion est précédé de const dans la fonction d'écriture, mais que ce mot-clef n'est plus présent dans fonction de lecture : en effet, cette dernière modifie son argument. Ainsi se termine l'implémentation de la classe quaternion.

1.1.3   Utilisation de la classe

Écrivons un petit programme qui contrôle les fonctionnalités de notre classe :

quaternion_tst.cc

```
#include "quaternion.h"
using namespace std;
int main(int argc, char**argv) {
  quaternion<double> h1 (1, 1, 7, 9),
                     h2 (1,-1,-7,-9);
  cout << "h1 = " << h1 << endl
       << "h2 = " << h2 << endl
       << "h1+h2 = " << h1+h2 << endl
       << "h1-h2 = " << h1-h2 << endl
       << "h1*h2 = " << h1*h2 << endl
       << "h1/h2 = " << h1/h2 << endl
       << "(h1/h2)*h2 = " << (h1/h2)*h2 << endl;
}
```

La compilation et l'exécution du test sont réalisées par les lignes de commande :

```
c++ quaternion_tst.cc -o quaternion_tst
./quaternion_tst
```

ce qui produit le résultat :

```
h1 = ((1,1), (7,9))
h2 = ((1,-1), (-7,-9))
h1+h2 = ((2,0), (0,0))
h1-h2 = ((0,2), (14,18))
h1*h2 = ((132,0), (0,0))
h1/h2 = ((-0.984848,0.0151515), (0.106061,0.136364))
(h1/h2)*h2 = ((1,1), (7,9))
```

Par la suite, la compilation sera facilitée par l'utilisation de la commande make, qui utilise le fichier associé `Makefile` suivant :

Makefile

```
CXX      = c++
CXXFLAGS = -O2 -std=c++11
```

Ceci permet d'entrer une fois pour toute la commande de compilation et ses options. L'option `-O2` active l'optimisation de code au niveau deux tandis que l'option `-std=c++11` précise que le langage C++ est celui décrit par la révision de 2011 du standard. Ces options correspondent au compilateur GNU C++ disponible notamment sur le système libre GNU/Linux ainsi que sur la plupart des systèmes propriétaires. Les commandes précédentes deviennent :

```
make quaternion_tst
./quaternion_tst
```

1.1.4   Exercices

EXERCICE 1. (*Application aux rotations*)
L'objectif de cet exercice est d'utiliser les quaternions pour représenter les rotations de $\mathbb{R}^3$. Soit p un quaternion décrit par $p = a + ib + jc + kd$. Introduisons l'application C_p des quaternions vers les quaternions, définie pour tout quaternion r par $C_p(r) = pr\bar{p}$.

1) Montrer que, pour deux quaternions p et q, la composition est $C_p \circ C_q = C_{pq}$.

2) L'application C_p s'identifie à une application de $\mathbb{R}^4$ dans $\mathbb{R}^4$. Montrer que la matrice de cette application est :

$$M_p = \begin{pmatrix} a^2+b^2+c^2+d^2 & 0 & 0 & 0 \\ 0 & a^2+b^2-c^2-d^2 & 2bc-2ad & 2bd+2ac \\ 0 & 2bc+2ad & a^2-b^2+c^2-d^2 & 2cd-2ab \\ 0 & 2bd-2ac & 2cd-2db & a^2-b^2-c^2+d^2 \end{pmatrix}$$

3) Montrer que $\det(M_p) = |p|^8$.

4) On s'intéresse au cas où $|p| = 1$. La première ligne de M_p est $(1,0,0,0)$.

Montrer que la sous-matrice 3×3, notée $\tilde{M}_p$, obtenue en enlevant la première ligne et la première colonne est orthogonale et que son déterminant vaut 1.

5) On s'intéresse à la représentation les rotations par des quaternions p de norme 1 via la matrice M_p. Soit $R = \tilde{M}_p$ la rotation obtenue pour le quaternion p. Montrer que $\tilde{M}_{-p} = R$ et que toute rotation a une représentation unique par un quaternion, au signe près.

6) Montrer que l'axe de la rotation est le vecteur de $\mathbb{R}^3$ de coordonnées (b, c, d) et que l'angle de rotation θ autour de cet axe vérifie :

$$\cos(\theta/2) = a \quad \text{et} \quad \sin^2(\theta/2) = b^2 + c^2 + d^2$$

EXERCICE 2. (*Promotion de type*)
Nous avons vu que le langage C++ possède trois types à virgule flottante, par ordre de précision croissante : `float`, `double` et `long double`, qui représentent respectivement la précision simple, la précision double et une précision supérieure ou égale à la précision double. Ces types peuvent être combinées entre eux dans des expressions lorsqu'il n'y a pas perte de précision :

```
float    x1 = 1.0;
double   x2 = 2.0;
double   x3 = x1 + x2;
```

1) Considérer l'extrait de code suivant :

```
quaternion<float>    h1 (0.0, 1.0, 0.0, 0.0);
quaternion<double>   h2 (1.0, 2.0, 0.0, 0.0);
quaternion<double>   h3 = h1 + h2;
```

Expliquez pourquoi, en utilisant la classe développée dans ce chapitre, ce code conduit à un échec à la compilation. Pour la même raison que la classe `quaternion`, la classe `complex` de la librairie standard du C++ souffre d'un manque de souplesse en terme de promotion de type à virgule flottante : nous allons remédier à cela.

2) La *promotion de type* dans une expression à virgule flottante est définie par une relation de la forme :

$$\texttt{float} + \texttt{double} \longrightarrow \texttt{double}$$

Spécifiez complètement la promotion des types à virgule flottante dans le tableau suivant :

+	float	double	long double
float			
double			
long double			

3) La promotion de type entre deux types T1 et T2 sera réalisée par

```
typename promote<T1,T2>::type
```

La classe **promote** est définie par :

```
struct undefined {};

template <typename T1, typename T2>
struct promote {
  typedef undefined type;
};
```

La promotion entre deux types complètement quelconques n'est a priori pas définie : ceci se traduit par l'utilisation de **undefined** comme type par défaut dans la structure **promote**. Les promotions effectives sont ensuite définies par des *spécialisations* de la classe **promote**, de la forme :

```
template<> struct promote<float,double> {
  typedef double type;
};
// ...
```

Notez que la spécialisation s'effectue à l'aide de la déclaration **template<>** et en précisant explicitement les types T1 et T2.

Complétez la classe **promote**, de façon à ce que les neuf combinaisons du tableau répondent correctement.

4) Définir l'opération d'addition générale $z_1 + z_2$ entre deux nombres complexes z_1 et z_2 utilisant des représentations flottantes a priori différentes, de façon à ce que le code de la question 1 fonctionne.

5) De même, définir l'opération d'addition entre deux quaternions utilisant des type virgule flottante différents.

6) Considérons une classe de nombre à virgule flottante définie indépendamment : pour fixer les idées, choisissons la classe **qd_real**, définie dans la librairie **qd** [32] et qui implémente quatre fois la double précision, soit huit fois la précision d'un **float**.

Citer quelles seraient les modifications supplémentaires à apporter pour que les classes **complex** et **quaternion** puissent se combiner avec à la fois les types de précisions standards (**float**, **double**, **long double**) et le type défini par **qd_real**.

1.1.5 Notes

Les quaternions ont été introduits en 1853 par Hamilton. Représenter des rotations avec des quaternions de norme unité est une astuce ancienne en physique : Shoemake [51] a été un pionnier pour son utilisation en géométrie algorithmique pour tracer des courbes en rotation. Ces méthodes sont actuellement massivement utilisées, notamment dans la librairie `opengl`.

Il existe une autre application de la rotation $\tilde{M}_p$ introduite à l'exercice 1 : cette application concerne la transformation de Lorentz en relativité. Pour cela on utilise une extension des quaternions, où le type `T` est un nombre complexe : ces quaternions sont appelés quaternions complexes. Le but de cette première section étant de se familiariser au langage C++ et à la généricité par l'exemple, nous n'approfondissons pas les applications des quaternions au delà des exercices proposés.

Pour aller plus loin avec le langage C++, consillons l'excellent ouvrage de Stroustrup [55], le concepteur même de ce langage. La promotion de type présentée à l'exercice 2 est une technique de programmation typique du langage C++. Elle a été introduite par Veldhuizen [60] et est actuellement disponible dans diverses librairies C++ comme `blitz++` [59] ou `boost/promote` [10].

1.2   Analyse asymptotique des algorithmes

Le but de l'algorithmique en général, et de l'algorithmique numérique en particulier, est de concevoir l'algorithme le plus efficace possible pour résoudre un problème particulier posé. Pour cela, il est nécessaire de mesurer son efficacité afin de pouvoir les comparer entre eux. Cette section introduit quelques notions de base relatives à l'analyse des algorithmes.

1.2.1   Quelques concepts théoriques de l'algorithmique

Le choix de l'algorithme le plus efficace devient crucial lorsque la taille des données à traiter, notée n, devient grande. Aussi, nous nous intéressons à la croissance asymptotique du temps de calcul et de la place mémoire lorsque n tend vers l'infini.

Les fonctions usuelles 1, $\log n$, n, $n \log n$, n^2, n^3,..., 2^n, dont les ordres de grandeur forment une suite croissante, peuvent constituer une échelle de comparaison pour les algorithmes. Si, pour réaliser un même calcul, un premier algorithme a un temps de calcul $T_1(n) = c_1 n^2$ et un second algorithme un temps $T_2(n) = c_2 n$, où c_1 et c_2 sont deux constantes strictement positives, alors pour n assez grand on aura $T_1(n) \geqslant T_2(n)$. Dans ce cas, nous dirons que le second algorithme est *asymptotiquement* plus rapide que le premier. Ceci reste vrai même si c_1 est beaucoup plus grand que c_2.

Ceci reste encore vrai, si le second algorithme est exécuté sur une machine lente, avec un langage de programmation peu performant et a été codé par un programmeur débutant, il sera quand même, pour des données assez grandes, plus rapide que le premier algorithme, même si il est exécuté sur un supercalculateur, écrit en langage assembleur très optimisé et codé par un programmeur expert. L'analyse asymptotique des performances permet donc de s'affranchir de considérations particulières en comparant les algorithmes sur une machine abstraite.

Les performances d'un algorithme peuvent se mesurer en terme de temps de calcul et de place mémoire nécessaires à l'exécution de l'algorithme : plutôt que de considérer un programme particulier qui code cet algorithme sur une machine donnée, par un programmeur expérimenté ou non, avec un langage de programmation performant ou non, imaginons plutôt une machine abstraite idéale et définissons-lui son unité de temps et de mémoire.

Le modèle de calculateur sous-jacent à toutes les analyses de l'efficacité des algorithmes présenté dans ce livre est connu sous le nom de *calculateur réel à accès aléatoire* (voir [8] par exemple). Pour simplifier, nous supposons que la machine est capable de travailler en précision infinie : autrement dit, nous ne considérons pas la question de la gestion des arrondis du point de vue de la place mémoire ou des temps de calculs. Ce modèle suppose que chaque unité de mémoire peut contenir la représentation d'un nombre réel et que l'accès en lecture ou en écriture à une unité de mémoire est réalisé en un temps constant, c'est-à-dire indépendamment de l'unité de mémoire accédée. L'ensemble des opérations élémentaires, qui seront exécutées en une unité de temps par notre machine abstraite comprend les quatre opérations algébriques $+, -, *, /$ ainsi que la comparaison entre deux nombres, le calcul de toutes les fonctions mathématiques usuelles comme log, exp, sin, cos, et partie entière.

Afin de comparer les ordres de grandeur de différentes fonctions asymptotiques, nous définissons les notations suivantes. Soient f et g deux fonctions positives de la variable entière n et à valeurs réelles.

- Nous dirons que f est un *grand o* de g, et nous noterons $f(n) = \mathcal{O}(g(n))$, si et seulement si il existe une constante $C_1 > 0$ et un entier n_0 tels que

$$f(n) \leqslant C_1 \, g(n), \quad \forall n \geqslant n_0$$

- Nous dirons que f est un *grand oméga* de g, et nous noterons $f(n) = \Omega(g(n))$, si et seulement si il existe une constante $C_2 > 0$ et un entier n_0 tels que

$$C_2 \, g(n) \leqslant f(n), \quad \forall n \geqslant n_0$$

- Nous dirons que f est un *grand thêta* de g, et nous noterons $f(n) = \Theta(g(n))$, si et seulement si il existe deux constantes $C_1 > 0$ et $C_2 > 0$ et un entier n_0 tels que

$$C_2 \, g(n) \leqslant f(n) \leqslant C_1 \, g(n), \quad \forall n \geqslant n_0$$

1.2.2   Exemple : le calcul de x^n

L'idée la plus simple pour calculer x^n est de dérouler une boucle et d'effectuer n multiplications :

pow_linear.cc

```
#include <iostream>
using namespace std;
template <class T>
T pow_linear (const T& x, size_t n) {
  T y = 1;
  for (size_t i = 1; i <= n; i++) y *= x;
  return y;
}
int main(int argc, char** argv) {
  double x = (argc > 1) ? atof(argv[1]) : 2;
  size_t n = (argc > 2) ? atoi(argv[2]) : 10;
  cout << pow_linear(x,n) << endl;
}
```

Pour exécuter ce programme, rien de plus simple :

```
make pow_linear
./pow_linear 2 8
./pow_linear 3.1 500
```

Le coût en temps de calcul est évidement $\Theta(n)$.

Pouvons-nous faire mieux ? Si n est pair, nous avons la possibilité de décomposer le calcul en $x^{n/2}x^{n/2}$: au lieu de n multiplications, nous n'en effectuons à présent plus que $n/2 + 1$ pour obtenir le même résultat. De même, si $n/2$ est pair, nous pouvons re-diviser le produit de $x^{n/2}$ en $x^{n/4}x^{n/4}$, si bien que, appliqué récursivement, nous effectuons beaucoup moins de multiplications. Si n est impair, il est possible de décomposer le produit en $x^{(n-1)/2}x^{(n-1)/2}x$. Nous obtenons une réduction importante du nombre d'opérations en appliquant *récursivement* cette méthode. L'implémentation correspondante en langague C++ est donnée par :

pow_recursive.cc

```
#include <iostream>
using namespace std;
template <class T>
T pow_recursive (const T& x, size_t n) {
  if (n == 0) return 1;
  if (n == 1) return x;
  T y = pow_recursive(x,n/2);
  return (n % 2 == 0) ? y*y : y*y*x;
}
int main(int argc, char** argv) {
  double x = (argc > 1) ? atof(argv[1]) : 2;
  size_t n = (argc > 2) ? atoi(argv[2]) : 10;
  cout << pow_recursive(x,n) << endl;
}
```

Nous pouvons tester cette nouvelle version :

```
make pow_linear
```

```
./pow_recursive 2 8
./pow_recursive 3.1 500
```

Déterminons maintenant le coût en temps de calcul $T(n)$ de cet algorithme. Il se déduit de la formule de récurrence :

$$T(n) = T(\lfloor n/2 \rfloor) + \Theta(1)$$

La notation $\lfloor \xi \rfloor$ représente sa partie entière du nombre réel ξ. La relation précédente exprime que le nombre néccessaire d'opérations pour calculer x^n est celui pour calculer $n^{n/2}$ plus un nombre constant d'opérations, indépendant de n. Ces dernières opérations incluent tout ce qui ne fait pas partie de l'appel récursif. Par récurrence, nous pouvons montrer sans difficulté que

$$T(n) = \Theta(\log n)$$

Nous avons par conséquent amélioré de façon très importante l'algorithme de x^n.

Cette approche de réduction du temps de calcul peut s'étendre à un très grand nombre de situations.

1.2.3   Résolution des récurrences

Plutôt que de résoudre, pour chaque algorithme, des récurrences similaires afin d'obtenir son comportement asymptotique, nous avons intérêt à le résoudre de manière générale. Supposons que nous disposons d'un algorithme dont le temps de calcul vérifie la relation de récurrence :

$$T(n) = aT(\lfloor n/b \rfloor) + f(n)$$

où $a \geqslant 1$ et $b > 1$ sont deux constantes, et f est une fonction réelle de l'entier n. Ce type de relation est très courant dans les algorithmes récursifs et nous en verrons un exemple à la section suivante pour la multiplication de deux matrices. Cormen, Leiserson, Rivest et Stein [15, p. 86] proposent la résolution cette relation de récurrence en considérant différents cas possibles :

1) Si $f(n) = \mathcal{O}(n^{\log_b(a)+\lambda})$ pour une certaine constante $\lambda > 0$, alors $T(n) = \Theta(n^{\log_b(a)})$.

2) Si que $f(n) = \Theta(n^{\log_b(a)})$ alors $T(n) = \Theta(n^{\log_b(a)})$.

3) Si que $f(n) = \Omega(n^{\log_b(a)+\lambda})$ pour une certaine constante $\lambda > 0$, et qu'il existe une constante C, $0 < C < 1$ et un entier n_0 tels que

$$af(n/b) \leqslant Cf(n), \quad \forall n \geqslant n_0$$

alors $T(n) = \Theta(f(n))$.

Dans ce qui précède, nous avons noté $\log_b$ la fonction logarithme en base b, qui est défini pour tout réel positif ξ par $\log_b(\xi) = \log(\xi)/\log(b)$.

1.2.4 Algorithme de Strassen pour la multiplication matricielle

La multiplication matricielle $C = AB$ de deux matrices $A = (a_{i,j})_{1 \leqslant i,j \leqslant n}$ et $B = (b_{i,j})_{1 \leqslant i,j \leqslant n}$ est définie par ses coefficients $(c_{i,j})_{1 \leqslant i,j \leqslant n}$:

$$c_{i,j} = \sum_{k=1}^{n} a_{i,k} b_{k,j}$$

Il est clair que le calcul de chaque coefficient $c_{i,j}$ nécessite exactement n multiplications et $n-1$ additions. Comme C possède $n \times n$ coefficients, le nombre total de multiplications pour calculer $C = AB$ est donc $\Theta(n^3)$. Vous pouvez penser que cette façon de faire ne saurait être améliorée, c'est à dire effectuée asymptotiquement en moins d'itérations : vous avez tord. L'algorithme étudié ici, proposé par Strassen [54] a suscité un grand émoi lors de sa publication en 1969.

Supposons que n est pair et partitionnons les matrices en blocs :

$$A = \begin{pmatrix} a_{11} & a_{12} \\ a_{21} & a_{22} \end{pmatrix}, \quad B = \begin{pmatrix} b_{11} & b_{12} \\ b_{21} & b_{22} \end{pmatrix}, \quad C = \begin{pmatrix} c_{11} & c_{12} \\ c_{21} & c_{22} \end{pmatrix}$$

où les blocs sont de taille $n/2$. Lorsque n est impair, nous pouvons également partitionner en deux blocs de taille respective $(n-1)/2$ et $(n+1)/2$. Aussi, pour simplifier l'exposé et sans perte de généralité, nous allons supposer que n est une puissance de 2. Le produit $C = AB$ se développe alors en :

$$
\begin{aligned}
c_{11} &= a_{11}b_{11} + a_{12}b_{21} \\
c_{12} &= a_{11}b_{12} + a_{12}b_{22} \\
c_{21} &= a_{21}b_{11} + a_{22}b_{21} \\
c_{22} &= a_{21}b_{12} + a_{22}b_{22}
\end{aligned}
$$

Ce calcul nécessite huit multiplications de matrices de taille $n/2$. L'idée nullement évidente de Strassen, est que ce calcul peut être effectué en sept multiplications au lieu de huit. Pour cela, calculons tout d'abord les sommes :

$$
\begin{aligned}
s_1 &= b_{12} - b_{22} & \qquad s_6 &= b_{11} - b_{22} \\
s_2 &= a_{11} + a_{12} & s_7 &= a_{12} - a_{22} \\
s_3 &= a_{21} + a_{22} & s_8 &= b_{21} + b_{22} \\
s_4 &= b_{21} - b_{11} & s_9 &= a_{11} - a_{21} \\
s_5 &= a_{11} + a_{22} & s_{10} &= b_{11} + b_{12}
\end{aligned}
$$

Ensuite viennent les produits :

$$
\begin{aligned}
p_1 &= a_{11}\,s_1 & \qquad p_5 &= s_5\,s_6 \\
p_2 &= s_2\,b_{22} & p_6 &= s_7\,s_8 \\
p_3 &= s_3\,b_{11} & p_7 &= s_9\,s_{10} \\
p_4 &= a_{22}\,s_4 &&
\end{aligned}
$$

Nous pouvons vérifier, par un simple développement, que

$$
\begin{aligned}
c_{11} &= p_3 + p_4 - p_2 + p_6 \\
c_{12} &= p_1 + p_2 \\
c_{21} &= p_3 + p_4 \\
c_{22} &= p_5 + p_1 - p_3 - p_7
\end{aligned}
$$

Le temps de calcul $T(n)$ de cet algorithme vérifie la relation de récurrence

$$
T(n) = 7\,T(n/2) + c\,n^2
$$

où $c > 0$ est une constante, indépendante de n. Ce dernier terme inclut toutes les opérations non-récursives telles que les sommes et soustractions de deux matrices. Sans difficulté, nous pouvons montrer par récurrence sur $T(n)$ que

$$
T(n) = \Theta\left(n^{\log_2 7}\right)
$$

Ce résultat peut également être obtenu directement en appliquant les formules du paragraphe 1.2.3. Autrement dit, il est possible de calculer le produit de deux matrices carrées de taille n en $\Theta\left(n^{\log_2 7}\right)$ opérations, avec $\log_2 7 \approx 2.81$, ce qui améliore l'algorithme en $\Theta\left(n^3\right)$ opérations précédent.

1.2.5   Application à l'inversion d'une matrice

Supposons qu'une matrice C soit l'inverse d'une matrice A. La méthode la plus naturelle pour calculer C à partir de A est de résoudre n systèmes linéaires :

$$
Ax_i = b_i,\ 1 \leqslant i \leqslant n
$$

avec pour second membre b_i un vecteur ne contenant que des zéros sauf son i-ème élément qui vaut un. Alors le vecteur x_i représente la i-ième colonne de la matrice C. Pour résoudre les n systèmes linéaires, on a recours à une factorisation $A = LU$ où L est une matrice triangulaire inférieure et U est triangulaire supérieure unitaire. Dans le cas où A est symétrique, les variantes sont la factorisation de Cholesky $A = LL^T$, où L est triangulaire inférieure, ou bien la factorisation $A = LDL^T$, avec D diagonale et L triangulaire inférieure unitaire (voir par exemple [35], page 266). Rappelons que cette dernière variante, très classique, s'écrit en pseudo-code :

algorithme : factorisation $A = LDL^T$
    entrée : A matrice $n \times n$ symétrique définie positive
    sortie : L triangulaire inférieure unitaire et D diagonale
début
    pour $i = 1 : n$
        $L(i, i) = 1$
        pour $j = 1 : i - 1$
            $L(i, j) = A(i, j)$
            pour $k = 1 : j - 1$
                $L(i, j) = L(i, j) - L(i, k) * D(k, k) * L(j, k)$
            $L(i, j) = L(i, j)/D(j, j)$
        $D(i, i) = A(i, i)$
        pour $j = 1 : i - 1$
            $D(i, i) = D(i, i) - L(i, j)^2 * D(j, j)$
    fin

Le pseudo-code précédent adopte les conventions de notations et de syntaxe du logiciel `octave` [20] qui implémente le langage `matlab`, et nous avons introduit l'indentation pour marquer la limite des blocs d'instructions afin d'alléger les notations. Il y a trois boucles imbriquées, et le coût de cette factorisation est clairement $\Theta(n^3)$. Il est possible d'améliorer légèrement cet algorithme, en utilisant deux fois moins de multiplications et en effectuant l'algorithme *sur place*, c'est-à-dire en écrivant directement le résultat L et D dans le tableau servant à l'entrée A (voir par exemple [35], page 268). Le temps de calcul restera cependant $\Theta(n^3)$. La résolution de $Ax = b$ équivaut à $LL^T x = b$ et s'effectue en deux étapes : tout d'abord $Ly = b$ puis $L^T x = y$. Chacune de ces deux étapes fait intervenir une matrice triangulaire. Ainsi, une fois L construite, par une descente, puis une remontée, la résolution d'un système linéaire peut s'effectuer en $\Theta(n^2)$ opérations. Ayant n systèmes linéaires à résoudre, nous obtenons par cette méthode un coût total de la construction de l'inverse $C = A^{-1}$ en $\Theta(n^3)$ opérations.

Revenons à présent à l'approche récursive adoptée pour le produit de deux matrices. En partitionnant A et C, et avec les notations de la section précédente, nous avons, par une généralisation de l'inverse d'une matrice 2×2

$$
\begin{aligned}
c_{11} &= a_{11}^{-1} + \left(a_{11}^{-1} a_{12}\right) \left(a_{22} - a_{21} a_{11}^{-1} a_{12}\right)^{-1} \left(a_{21} a_{11}^{-1}\right) \\
c_{12} &= -\left(a_{11}^{-1} a_{12}\right) \left(a_{22} - a_{21} a_{11}^{-1} a_{12}\right)^{-1} \\
c_{21} &= -\left(a_{22} - a_{21} a_{11}^{-1} a_{12}\right)^{-1} \left(a_{21} a_{11}^{-1}\right) \\
c_{22} &= \left(a_{22} - a_{21} a_{11}^{-1} a_{12}\right)^{-1}
\end{aligned}
$$

Nous voyons apparaître un grand nombre de facteurs répétés, que nous pouvons ne calculer qu'une seule fois :

$$
\begin{array}{rclcrcl}
r_1 &=& a_{11}^{-1} & \quad & c_{12} &=& r_3\,r_6 \\
r_2 &=& a_{21}\,r_1 & & c_{21} &=& r_6\,r_2 \\
r_3 &=& r_1\,a_{12} & & r_7 &=& r_3\,c_{21} \\
r_4 &=& a_{21}\,r_3 & & c_{11} &=& r_1 - r_7 \\
r_5 &=& r_4 - a_{22} & & c_{22} &=& -r_6 \\
r_6 &=& r_5^{-1} & & & &
\end{array}
$$

Ainsi, pour calculer l'inverse d'une matrice de taille n, nous n'avons besoin que de deux inverses de matrices de taille $n/2$ et de six produits de matrices de taille $n/2$. Le coût d'une opération d'inversion est donné par :

$$
T(n) = 2\,T(n/2) + c\,n^{\log_2 7}
$$

Par récurrence, nous montrons que :

$$
T(n) = \Theta\left(n^{\log_2 7}\right)
$$

Autrement dit, le coût de l'inversion d'une matrice est dominé par le coût du produit entre deux matrices.

Le calcul du déterminant suit également cette réduction. De la formule

$$
\det(A) = \det\left(a_{22}\right)\det\left(a_{11} - a_{12}a_{22}^{-1}a_{21}\right)
$$

nous déduisons que le calcul du déterminant d'une matrice d'ordre n se réduit à deux calculs de déterminants d'ordre $n/2$ plus une inversion et deux produits de matrices d'ordre $n/2$. Autrement dit, nous retrouvons un coût en $\Theta\left(n^{\log_2 7}\right)$.

1.2.6   La classe `valarray`$\langle$T$\rangle$

Afin de manipuler des données de grande taille, nous allons avoir recours, tout au long de ce livre, à la classe `valarray`$\langle$T$\rangle$. Cette classe, de type tableau, est disponible dans la librairie standard du C++ et représente un vecteur de données numériques. Elle est définie sous l'espace de nom `std` dans l'entête $\langle$valarray$\rangle$:

<valarray>

```
template <typename T>
class valarray {
  public:
    valarray();
    valarray (size_t n);
    valarray (const T& initval, size_t n);
    valarray (const valarray<T>& y);
    valarray<T>& operator= (const valarray<T>& y);
    size_t size() const;
    const T& operator[] (size_t i) const;
    T& operator[] (size_t i);
    valarray<T> shift (int d) const;
    // ...
};
```

Cette classe est complétée par les opérations d'algèbre linéaire usuelles pour les vecteurs de $\mathbb{R}^n$.

Nous utiliserons souvent la fonction membre `shift` qui réalise un décalage logique (voir [55, p. 740]). L'instruction v=u.shift(d) renvoie dans v un objet de la classe valarray⟨T⟩ de même taille que u, et dont le i-ème élément v[i] est u[i+d] si i+d est dans l'intervalle 0..u.size()-1, et zéro autrement. Ainsi, une valeur positive de d décale les éléments vers la gauche de d places, avec un remplissage par des zéro. Par exemple :

$$u \;=\; (u_0, u_1, \ldots u_{n-2}, u_{n-1})$$
$$u.shift(1) \;=\; (u_1, u_2, \ldots u_{n-1}, 0)$$
$$u.shift(-1) \;=\; (0, u_0, \ldots u_{n-3}, u_{n-2})$$

En s'inspirant de la syntaxe du logiciel octave [20] qui implémente le langage matlab, nous introduisons, pour notre confort, la fonction `range` qui opère sur la classe valarray. Voici la correspondance entre les deux syntaxes :

octave, matlab	C++
u (first:last-1)	u [range(first,last)]
u (first:step:last-1)	u [range(first,step,last)]

En clair, u [range(first,last)] considère l'intervalle [first,last[fermé à gauche et ouvert à droite, si bien que le nombre d'éléments est last-first. La fonction `range` est définie par

range.h

```
#include <valarray>
std::slice range (size_t first, size_t last) {
  return std::slice (first, last-first, 1);
}
```

Lorsque le pas ne vaut pas un, nous avons

range.h (suite)

```
std::slice range (size_t first, size_t step, size_t last) {
  return std::slice (first, (last-first)/step, step);
}
```

La classe `slice`, renvoyée ici par la fonction `range`, est définie avec la classe `valarray` dans le fichier d'entête standard `<valarray>`.

Enfin, nous complétons la classe `valarray` par deux fonctions qui nous seront utiles tout au long de ce livre et qui ne font pas partie de la librairie standard. Les fonctions **dot**(.,.) et **norm**(.) se définissent simplement par

valarray_util.h

```
#include <valarray>
template <typename Vec1, typename Vec2>
typename Vec1::value_type
dot (const Vec1& x, const Vec2& y) {
  typename Vec1::value_type sum = 0;
  for (size_t i = 0; i < x.size(); i++)
    sum += x[i]*y[i];
  return sum;
}
template <typename Vec>
typename Vec::value_type
norm (const Vec& x) {
  return sqrt(dot(x,x));
}
```

1.2.7   Exercices

EXERCICE 3. (*Factorisation LDL^T*)
La matrice

$$\begin{pmatrix} 0 & 1 \\ 1 & 2 \end{pmatrix}$$

possède-t'elle une factorisation LDL^T ?

EXERCICE 4. (*Factorisation LDL^T d'une matrice bande*)
1) Soit b un entier dans l'intervalle $[0, n-2]$. Montrer que si une matrice symétrique A est $(2b+1)$-diagonale, c'est-à-dire que si $A_{i,j} = 0$ pour $|i - j| \geqslant b+1$, alors la factorisation $A = LDL^T$ est telle que L est $(b+1)$-diagonale, c'est-à-dire $L_{i,j} = 0$ pour $i - j \geqslant b+1$. L'entier b est appelé largeur de bande de la matrice A et on dit que la factorisation de Cholesky respecte la structure bande de A.

2) Écrire une variante de l'algorithme de factorisation LDL^T qui exploite le fait que les éléments de A hors de la bande sont nuls. Montrer que le temps de

calcul de cet algorithme est

$$T(n) = \Theta\left(b^2 n\right)$$

et que le temps de résolution des systèmes triangulaires, une fois la factorisation formée, est $\Theta(bn)$.

EXERCICE 5. (*Algorithme de Strassen*)
Déroulez à la main l'algorithme de Strassen pour le produit matriciel

$$\begin{pmatrix} 1 & 3 \\ 7 & 5 \end{pmatrix} \begin{pmatrix} 6 & 8 \\ 4 & 2 \end{pmatrix}$$

EXERCICE 6. (*Multiplication de polynômes*)
Montrez comment multiplier deux polynômes réels $p_1(x) = ax + b$ et $p_2(x) = cx + d$ en trois multiplications entre réels au lieu de quatre. Indication : une des multiplications est $(a + b)(c + d)$.

EXERCICE 7. (*Multiplication de nombres complexes*)
Montrez comment multiplier deux nombres complexes $z_1 = a + ib$ et $z_2 = c + id$ en trois multiplications entre réels au lieu de quatre.

EXERCICE 8. (*Matrices denses*)
Nous nous proposons d'étudier la programmation la plus simple possible de matrices *denses* rectangulaires. Ces matrices ne font pas partie de la librairie standard actuelle. Cependant, différents projets récents de standardisation (tnt [40],blitz++ [59],eigen [29],flens [36],armadillo [48],boost/ublas [61]) proposent un interface du type :

dmatrix.h

```
#include <valarray>
template <class T>
class dmatrix {
  public:
    dmatrix (size_t nr = 0, size_t nc = 0);
    void resize (size_t nr, size_t nc);
    size_t nrow () const;
    size_t ncol () const;
    T& operator() (size_t i, size_t j);
    T  operator() (size_t i, size_t j) const;
  protected:
    size_t nr, nc;
    std::valarray<T> v;
};
```

Le tableau de type valarray dans la zone de données protégées contient les coefficients de la matrice, rangés colonne par colonne.

1) Écrire le code du constructeur ainsi que les quatre fonctions d'accès.

2) Écrire le code du produit matrice-vecteur suivant :

```
valarray<T>
operator* (const dmatrix<T>& a, const valarray<T>& x);
```

Quel est le coût en nombre de multiplications de cette opération ?

3) Écrire le code du produit matrice-matrice suivant :

```
dmatrix<T>
operator* (const dmatrix<T>& a, const dmatrix<T>& b);
```

L'algorithme sera le plus simple possible, sur la base de trois boucles imbriquées. Montrez que le coût en nombre de multiplication de cette opération est $\Theta(n^3)$ pour une matrice carrée $n \times n$.

1.2.8 Notes

Les ouvrage actuels de calcul scientifique n'abordent pas, ou que très succinctement, l'analyse asymptotique des algorithmes numériques : il est alors généralement difficile de comparer différentes méthodes pour résoudre un même problème. Inversement, les ouvrages d'algorithmique à vocation pédagogique et qui abordent l'analyse asymptotique des algorithmes ne traitent pas de calcul numérique, c'est-à-dire avec des nombres à virgule flottante pour approcher les nombres réels : les algorithmes qui y sont présentés concernent alors plutôt les tris de tableaux ou de listes, ou encore des structures de données de type arbres pour représenter des dictionnaires.

La présentation des notions de l'analyse asymptotique des algorithmes de ce chapitre est volontairement réduite au strict minimum. Le lecteur qui souhaiterait plus de détails est invité à se reporter à des ouvrages classiques. Une présentation récente et assez complète de l'algorithmique et de l'analyse asymptotique est l'ouvrage de Cormen, Leiserson, Rivest et Stein [15] : le lecteur y trouvera également au chapitre 30 quelques algorithmes numériques comme la transformée de Fourier rapide et le calcul avec des polynômes. Knuth [33], plus ancien, reste une référence classique. Dans un second volume [34], l'auteur introduit l'analyse des calculs en virgule flottante ainsi que le calcul avec des polynômes. Enfin, Boissonat et Yvinec [8] proposent une analyse asymptotique de nombreux algorithmes pour la géométrie et les maillages.

L'algorithme de Strassen pour la multiplication matricielle a été proposé en 1969 [54] : il a suscité un grand émoi lors de sa publication. Jusque là, peu de gens pensaient qu'il pût exister un algorithme asymptotiquement plus rapide que la procédure en trois boucles imbriquées et avec un temps de calcul en $\Theta(n^3)$. Strassen a proposé un algorithme en $\Theta(n^{\log_2(7)})$, avec $\log_2(7) \approx 2.81 < 3$ et a montré que l'inversion d'une matrice n'est également pas une opération en $\Theta(n^3)$ mais est dominé par le coût asymptotique de la multiplication de deux matrices. L'algorithme original de Strassen a été depuis amélioré a plusieurs reprise : l'algorithme le plus performant actuellement est celui proposé par

Coppersmith et Winograd, en $\Theta(n^\omega)$ avec $\omega \approx 2.376$, sachant que la meilleure borne inférieure connue pour le produit de deux matrices n'est autre que $\Theta(n^2)$, car il faut bien remplir les n^2 éléments du résultat. Le lecteur intéressé pourra lire l'article [44] qui fait une synthèse récente des différentes avancées sur le produit de deux matrices, ainsi que des commentaires dans [15] au chapitre 4 ou encore dans [41], paragraphe 2.11 pour l'inversion des matrices.

Dans la pratique, la constante cachée dans la notation $\Theta(.)$ reste relativement grande, même pour des implémentations très optimisées, et la procédure classique en $\Theta(n^3)$ est plus rapide pour des n suffisamment petits, disons $n < n_0$. Dans les implémentations de la méthode essayent de déterminer ce n_0, appelé point d'équilibre, et qui peut être finalement relativement grand, suivant le type de machine considéré. Dans les implémentations actuelles de la librairie d'algèbre linéaire `atlas`, ce n_0 peut être évalué dynamiquement [16], par un étalonnage sur une machine spécifique lorsque la librairie est installée. Ensuite, à chaque appel et pour un n donné, la procédure la plus rapide est alors sélectionnée.

L'exercice 4 a présenté des optimisations possibles pour des matrices ayant une structure bande : ce type d'optimisation est disponible dans la librairie `lapack` [2], écrite en Fortran, et qui dispose d'interfaces pour d'autres langages tels que le C ou le C++.

Aux chapitres suivants, et tout au long de cet ouvrage, nous aborderons des méthodes radicalement différentes de celle présentée ici. Ces méthodes nous permettront de diminuer encore de façon très importante le coût asymptotique de la résolution d'un système linéaire. Elles nous permettrons de passer en dessous de la barre $\Theta(n^2)$ pour la résolution d'un système matriciel. Elles s'appliqueront non plus à une matrice générale mais à des classes de matrices particulières. Les classes de matrices particulières qui seront considérées tout au long de cet ouvrage apparaissant très fréquemment en calcul scientifique. Elles s'appliquent efficacement à de nombreux problèmes, telles que la résolutions d'équations discrétisées par des méthodes différences ou éléments finis, et qui seront présentées dans les deux chapitres suivants du livre.

Chapitre 2

Transformée de Fourier et applications

L'objectif de ce second chapitre est d'introduire l'algorithme de la transformée de Fourier rapide et d'en présenter des applications à la méthode des différences finies pour résoudre des équations aux dérivées partielles. La première section présente l'algorithme à travers l'étude d'un problème simple, la déformation d'une corde de guitare. La méthode des différences finies est introduite dans une seconde section, pour le cas des problèmes en dimension un d'espace. En fin de section cette méthode est généralisé au cas de subdivisions non uniformes via la méthode des éléments finis. Nous considérons ici que le lecteur possède déjà quelques notions concernant les équations aux dérivées partielles. L'excellent ouvrage de Raviart et Thomas [42] pourra être consulté sur ce sujet. La troisième section présente la résolution par transformé de Fourier des problèmes en dimension deux d'espace et discrétisés par différences finies. Le cas de la dimension trois est traité en exercice.

2.1   Transformée de Fourier

Les transformées de Fourier servent intensivement dans le traitement du signal. Le signal est défini dans un domaine de temps, à savoir une fonction qui à un temps associe une amplitude. L'analyse de Fourier permet de caractériser le signal en terme de fréquences, sous la forme de modes et de poids associés. Parmi les nombreuses applications récentes de la transformée de Fourier, citons les techniques de compression audio et vidéo, dont les populaires formats de fichier mp3 et jpeg. De nouvelles applications font leur apparition, comme le produit de deux polynômes ou celui de deux nombres entiers ou à virgule flottante en précision élevée, et dont les notes en fin de section donnent un aperçu.

Dans cet esprit, la section 2.3 présentera une autre application à la résolution très rapide de solutions approchées d'équations aux dérivées partielles en dimension deux d'espace.

2.1.1 La transformée de Fourier discrète

Soit f une fonction de $\mathbb{R}$ dans $\mathbb{C}$. La fonction f est supposée périodique de période $T > 0$ et est appelée *signal*. Ce signal se développe en série de Fourier de la manière suivante :

$$f(x) = \sum_{p \in \mathbb{Z}} c_p\, e^{2i\pi px/T} \quad \text{avec} \quad c_p = \frac{1}{T} \int_0^T f(x)\, e^{-2i\pi px/T}\, \mathrm{d}x \qquad (2.1)$$

Supposons qu'on ne connaisse qu'un nombre fini n de valeurs de f sur $[0, T[$ en des points régulièrement espacés : $(f(kT/n))_{0 \leqslant k \leqslant n-1}$ et qu'on appelle *échantillon*. Nous souhaitons déduire de cette information une approximation des coefficients de Fourier $(c_p)_{p \in \mathbb{Z}}$ de f :

$$f\left(\frac{kT}{n}\right) = \sum_{p \in \mathbb{Z}} c_p\, e^{2i\pi pk/n} = \sum_{p \in \mathbb{Z}} c_p\, w_n^{pk}, \quad 0 \leqslant k \leqslant n-1,$$

où nous avons noté $w_n = e^{2i\pi/n}$, appelé racine n-ième de l'unité, car il vérifie $w_n^n = 1$. Ayant n données, il est logique de ne chercher à calculer que n coefficients c_p, $p \in \mathbb{Z}$. De plus, les coefficients c_p tendent vers zéro quand p devient grand, aussi nous chercherons à les approcher pour $p \in \{-n/2, \dots n/2 - 1\}$ en supposant n pair. Dans le cas où n est impair, nous pourrions prendre un intervalle centré. Notons $\left(c_p^{(n)}\right)_{-n/2 \leqslant p \leqslant n/2-1}$ les coefficients de la série tronquée et caractérisés par :

$$f\left(\frac{kT}{n}\right) = \sum_{p=-n/2}^{n/2-1} c_p^{(n)} w_n^{pk}, \quad 0 \leqslant k \leqslant n-1.$$

Il s'agit d'un système de n équations à n inconnues, et nous allons voir que ce système admet une solution unique. Pour une raison de commodité, réarrangeons ce système en numérotant les inconnues de 0 à $n-1$ de la façon suivante :

$$F_p = \begin{cases} c_p^{(n)} & \text{si } 0 \leqslant p \leqslant n/2 - 1 \\ c_{p-n}^{(n)} & \text{si } n/2 \leqslant p \leqslant n - 1 \end{cases}$$

et posons $f_k = f(kT/n)$. Le système devient :

$$\sum_{p=0}^{n-1} w_n^{pk} F_p = f_k, \quad 0 \leqslant k \leqslant n-1.$$

Notons A la matrice du système. Elle est symétrique :

$$A = \begin{pmatrix} 1 & 1 & 1 & \ldots & 1 \\ 1 & w_n & w_n^2 & \ldots & w_n^{n-1} \\ 1 & w_n^2 & w_n^4 & \ldots & w_n^{2(n-1)} \\ \vdots & \vdots & \vdots & & \vdots \\ 1 & w_n^{n-1} & w_n^{2(n-1)} & \ldots & w_n^{(n-1)^2} \end{pmatrix}$$

Par un algorithme direct classique de type Gauss ou Cholesky, la résolution du système linéaire serait en $\Theta(n^3)$ opérations. L'intérêt de ce système vient du fait que l'inverse de A admet une forme explicite connue :

$$A^{-1} = \begin{pmatrix} 1 & 1 & 1 & \ldots & 1 \\ 1 & w_n^{-1} & w_n^{-2} & \ldots & w_n^{-n+1} \\ 1 & w_n^{-2} & w_n^{-4} & \ldots & w_n^{-2(n-1)} \\ \vdots & \vdots & \vdots & & \vdots \\ 1 & w_n^{-n+1} & w_n^{-2(n-1)} & \ldots & w_n^{-(n-1)^2} \end{pmatrix}$$

Par conséquent, le système se résout explicitement :

$$F_k = \frac{1}{n} \sum_{p=0}^{n-1} w_n^{-pk} f_p, \quad 0 \leqslant k \leqslant n-1. \tag{2.2}$$

Par un produit matrice-vecteur avec A^{-1}, le calcul de $(F_k)_{0 \leqslant k \leqslant n-1}$ reste cependant en $\Theta(n^2)$ opérations. Bien que ce soit déjà bien plus compétitif que l'algorithme de Strassen vu précédemment, nous allons voir qu'il est possible de faire ici encore beaucoup mieux en exploitant la forme particulière de la matrice A et en faisant des hypothèses sur la parité de n.

2.1.2 Algorithme par bisection

Supposons que n est pair, et dans (2.2), séparons les termes d'indices pairs et impairs :

$$F_k = \frac{1}{2} \left(P_k + w^{-k} I_k \right), \quad 0 \leqslant k \leqslant n-1,$$

où P_k et I_k représentent la somme des indices pairs et impairs, respectivement :

$$P_k = \frac{2}{n} \left(F_0 + w_n^{-2k} F_2 + \ldots + w_n^{-(n-2)k} F_{n-2} \right)$$

$$I_k = \frac{2}{n} \left(F_1 + w_n^{-2k} F_3 + \ldots + w_n^{-(n-2)k} F_{n-1} \right)$$

Supposons ensuite n divisible par 4. Ces sommes peuvent alors toutes deux à leur tour être séparées en termes pairs et impairs. Supposant enfin $n = 2^r$, nous pouvons poursuivre la dichotomie jusqu'à ne plus avoir qu'un seul terme dans la somme. Nous obtenons alors un algorithme récursif appelé *transformée de Fourier rapide*. L'idée de base est similaire au autres algorithmes étudiés au chapire précédent, comme le calcul de x^n ou le produit de deux matrices (algorithme de Strassen) : il s'agit de découper le calcul en plusieurs sous-calculs de taille plus petite, ceci récursivement et jusqu'à obtenir des calculs très simples. Le découpage se fait ici, comme pour le calcul de x^n, en deux problèmes de taille moitié. L'algorithme présente l'intérêt de se programmer simplement, en suivant exactement la démarche choisie.

fft.h

```cpp
#include <valarray>
template <typename T>
void fft (const T& w,
   const std::valarray<T>& f, std::valarray<T>& F)
{
   size_t n = f.size();
   if (n == 0) return;
   if (n == 1) { F[0] = f[0]; return; }
   size_t m = n/2;
   std::valarray<T> f0(m), f1(m), F0(m), F1(m);
   for (size_t k = 0; k < m; k++) {
      f0[k] = f[2*k];
      f1[k] = f[2*k+1];
   }
   fft (w*w, f0, F0);
   fft (w*w, f1, F1);
   T wk = 1;
   for (size_t k = 0; k < m; k++) {
      F[k]   = 0.5*(F0[k] + wk*F1[k]);
      F[m+k] = 0.5*(F0[k] - wk*F1[k]);
      wk     = w*wk;
   }
}
```

Un programme d'appel de cette fonction est :

fft.cc

```cpp
#include "fft.h"
#include "valarray_io.h"
#include <complex>
#include <iostream>
#include <iomanip>
#include <cassert>
using namespace std;
int main() {
  valarray<complex<double> > x;
  cin >> x;
  size_t n = x.size();
  assert(fabs(log2(n)-int(log2(n))) < 1e-10);
  const double pi = acos(-1.0);
  const complex<double> i (0,1);
  complex<double> w  = exp((2*pi/n)*i);
  valarray<complex<double> > y(n);
  fft (1./w, x, y);
  cout << setprecision(16) << y;
}
```

Ce programme lit simplement les données à partir de l'entrée standard, puis appelle la transformée de Fourier rapide, et enfin écrit le résultat sur la sortie standard. Pour illustrer la transformée de Fourier rapide, calculons les amplitudes des harmoniques après un pincement de corde de guitare : nous pinçons la corde en son milieu pour avoir un beau son, bien propre.

guitar.cc

```cpp
#include <complex>
#include <iostream>
using namespace std;
complex<double> f (double x) { return (x < 0.5) ? x : 1-x; }
int main(int argc, char** argv) {
  size_t n = (argc > 1) ? atoi(argv[1]) : 16;
  cout << n << endl;
  for (size_t k = 0; k < n; k++)
    cout << f(1.*k/n) << endl;
}
```

Observons maintenant le résultat du programme ftt avec un échantillonage de 16 ou 32 valeurs pour le pincement de la corde de guitare :

```
make fft guitar
./guitar 16 | ./fft
./guitar 32 | ./fft
```

La première valeur $F_0^{(n)}$ est l'amplitude de la déformation de la corde, qui vaut $1/4$ ici, indépendamment de n. Les autres valeurs de $F_k^{(n)}$, $k \geqslant 1$, correspondent aux amplitudes des harmoniques successives de la corde de guitare. La quantité $F_1^{(n)}$ correspondant à l'approximation de F_1, est l'amplitude de la note fondamentale de la corde. Cette quantité est réelle. Pour ce problème particulier, la valeur exacte F_1 peut être calculée directement (voir exercice 9). Nous pouvons donc calculer l'erreur commise $|F_1^{(n)} - F_1|$ en tronquant la somme aux n premiers termes. Le calcul de cette amplitude est d'autant plus précis que n est grand. La pente sur la Fig. 2.2, en axes log-log, suggère que l'erreur commise

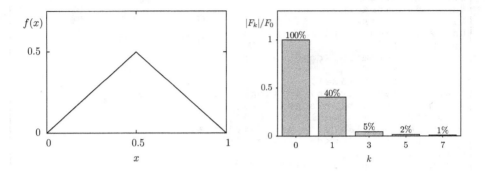

FIGURE 2.1 – Déformation de la corde de guitare et décroissance correspondante des amplitudes des harmoniques.

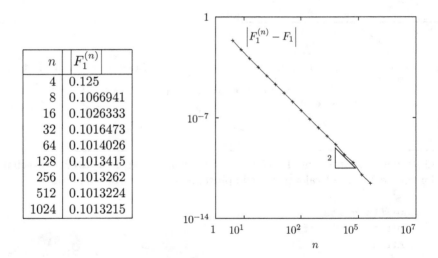

n	$F_1^{(n)}$
4	0.125
8	0.1066941
16	0.1026333
32	0.1016473
64	0.1014026
128	0.1013415
256	0.1013262
512	0.1013224
1024	0.1013215

FIGURE 2.2 – Convergence de la première harmonique F_1 en fonction de n.

sur l'amplitude de la première harmonique en approchant la transformée de Fourier par un développement tronqué à l'ordre n, noté $\left|F_1^{(n)}\right|$ décroît comme $\mathcal{O}(n^{-2})$.

2.1.3   Coût en temps de calcul

Pour déterminer le temps de calcul de la fonction `fft`, remarquons tout d'abord, en omettant les appels récursifs, que le coût est $\Theta(n)$. Comme il y a deux appels récursifs, la récurrence pour le temps de calcul est donc :

$$T(n) = 2T(n/2) + \theta(n)$$

Par induction (voir également la section 1.2.3, page 15) on obtient :

$$T(n) = \Theta(n \log n)$$

Ainsi, en exploitant la forme de la matrice dense A, nous avons réduit le temps de résolution de $\Theta(n^3)$ (algorithme par factorisation de Cholesky) ou $\Theta(n^{2.81})$ (algorithme de Strassen) à $\Theta(n \log n)$.

2.1.4   Exercices

EXERCICE 9. (*Où pincer une corde de guitare ?*)
Le but de cet exercice est d'approfondir nos connaissances sur la transformée de Fourier à travers l'exemple de la corde de guitare. Le son est d'autant plus propre que la note fondamentale se dégage nettement des harmoniques suivantes, dont l'amplitude décroît le plus vite possible.

1) Pour une corde pincée en son milieu, la déformation est donnée par :

$$f(x) = \left\{ \begin{array}{ll} x & \text{si } 0 \leqslant x \leqslant 1/2 \\ 1 - x & \text{si } 1/2 \leqslant x \leqslant 1 \end{array} \right.$$

Les coefficients c_p sont donnés de façon exacte par (2.1). Calculer $c_0 = F_0$, qui correspond à la moyenne de f.

2) Calculer l'amplitude de la note fondamentale de la corde $c_1 = F_1$.

3) Montrer que $c_2 = 0$ et calculer l'amplitude de la première harmonique de la corde c_3.

4) Montrer que $c_4 = 0$ et calculer l'amplitude de la seconde harmonique de la corde c_5.

5) Montrer que $c_p = 0$ si p est pair et calculer c_p quand p est impair. Comment les amplitudes $|c_p|$ des harmoniques successives décroissent-elles ?

6) Nous allons à présent pincer la corde en un point $x_0 \in]0, 1[$, qui pourra être différent du milieu de la corde, correspondant à $x_0 = 1/2$. La déformation est donnée par :

$$f(x) = \left\{ \begin{array}{ll} 2x(1 - x_0) & \text{si } 0 \leqslant x \leqslant x_0 \\ 2x_0(1 - x) & \text{si } x_0 \leqslant x \leqslant 1 \end{array} \right.$$

Vérifier que la déformation moyenne c_0 de la corde reste inchangée. Calculer les coefficients c_p. Comment les amplitudes $|c_p|$ des harmoniques successives décroissent-elles à présent ? Est-il préférable de pincer la corde au milieu ou bien de façon décentrée pour entendre la note fondamentale la plus pure possible ?

2.1.5 Notes

C'est en 1965 que Cooley et Tukey publient cette méthode, qui deviendra bientôt l'algorithme le plus célèbre du calcul scientifique. Cependant, il a été découvert par la suite que l'algorithme avait déjà été inventé en 1805 par Gauss et adapté à plusieurs reprises [31] sous des formes différentes.

L'ouvrage de van Loan est la référence classique pour la présentation de la transformée de Fourier rapide, et l'auteur n'hésite pas à dire que cet algorithme a changé la face des sciences à un tel point qu'il n'est pas exagéré de dire que le monde tel que nous le connaissons serait bien différent sans `ftt`.

L'implémentation présentée ici de la transformée de Fourier rapide est la plus simple qui soit et avec un coût en $\Theta(n \log n)$. Les applications massives de cet algorithme dans de nombreux domaines ont conduit à diverses optimisations qui tendent à diminuer autant que possible la constante cachée dans la notation $\Theta(.)$ du coût de calcul. Une implémentation plus efficace élimine la récursivité pour obtenir une version itérative directe : le lecteur intéressé pourra consulter [15] à la section 30.3. Il est également possible d'étendre la transformation du cas où n est une puissance de 2 au cas où n est une puissance de 3, d'une puissance ou d'un produit de puissance quelconque, et finalement de pouvoir choisir n quelconque, toujours avec un coût $\Theta(n \log n)$.

La librairie `fftpack` [56], écrite en Fortran dans les années 1980, propose ces fonctionnalités. Plus récente, la librairie `fftw` [23], écrite en C propose des optimisations plus poussées, adaptées aux architectures des ordinateurs actuels.

La transformée de Fourier rapide suppose que l'entrée représente des points uniformément espacés. Cependant, il existe des techniques pour approcher la transformation à partir d'un échantillonnage non-uniforme : Ware [62] présente un comparatif des différents algorithmes possibles.

2.2 Discrétisation de problèmes aux limites

La résolution du problème de Poisson en dimension un est un sujet extrêmement classique, qui est traité dans de nombreux manuels. Pour des compléments théoriques, tels que la preuve de l'existence et de l'unicité de la solution ainsi que de la solution du problème approché, le lecteur pourra consulter [42]. La régularité de la solution exacte dépend de celle de la donnée f, et cette régularité influe sur les propriétés de convergence de la solution approchée vers la solution exacte. Pour présenter ces notions a priori assez abstraites de façon plus concrète, nous avons présenté un exemple et illustré la dégradation des propriétés de convergence, ainsi que leur restauration par l'utilisation d'un maillage adapté.

2.2.1 Présentation du problème

Considérons le problème très classique de Poisson avec condition aux bords homogène de Dirichlet :

Trouver u, définie de $[-1,1]$ dans $\mathbb{R}$, tel que

$$
\begin{aligned}
-u'' &= f \text{ dans }]-1,1[\\
u(-1) &= u(1) = 0
\end{aligned}
\tag{2.3}
$$

où f est une fonction donnée de $]-1,1[$ dans $\mathbb{R}$. Ce problème est à la base de nombreuses modélisations en mécanique, physique, chimie, thermique. Par exemple, il permet de décrire la vitesse d'un fluide dans une conduite ou un canal, la forme d'un pont ployant sous une charge ou la déformation d'une voile sous l'effet du vent.

La solution du problème (2.3) n'est connue explicitement que pour quelques cas particuliers. Dans le cas général, il est cependant possible d'approcher la solution $u(x)$ par la méthode des différences finies. Cette méthode exploite la formule de développement de Taylor pour approcher les dérivées de u par des différences. Soit n un entier. Considérons le problème suivant :

Trouver $(u_i)_{0 \leqslant i \leqslant n}$ telle que

$$
\begin{aligned}
\frac{-u_{i+1} + 2u_i - u_{i-1}}{h^2} &= f(x_i) \text{ pour } 1 \leqslant i \leqslant n-1 \\
u_0 &= u_n = 0
\end{aligned}
\tag{2.4}
$$

où $h = 2/n$, $x_i = -1 + ih$, $0 \leqslant i \leqslant n$. Les inconnues u_i *approchent* $u(x_i)$ d'autant mieux que n est grand :

$$
u_i \longrightarrow u(x_i) \text{ lorsque } n \longrightarrow +\infty
$$

Le problème peut se mettre sous forme matricielle :

$$
\begin{pmatrix}
2 & -1 & & & \\
-1 & 2 & -1 & & \\
& \ddots & \ddots & \ddots & \\
& & -1 & 2 & -1 \\
& & & -1 & 2
\end{pmatrix}
\begin{pmatrix}
u_1 \\
\vdots \\
\\
u_{n-1}
\end{pmatrix}
=
\begin{pmatrix}
h^2 f(x_1) \\
\vdots \\
\\
h^2 f(x_{n-1})
\end{pmatrix}
\tag{2.5}
$$

Il s'agit d'un système linéaire de taille $n-1$. La matrice est notée $A = (a_{i,j})_{1 \leqslant i,j \leqslant n-1}$ et le second membre $b = (b_i)_{1 \leqslant i \leqslant n-1}$, $b_i = h^2 f(x_i)$. La matrice symétrique A a une forme très particulière : elle n'a d'éléments non-nuls que sur une mince bande de largeur trois autour de la diagonale : elle est dite tridiagonale. Nous allons voir comment résoudre très efficacement le système linéaire associé.

2.2.2   La résolution du système tridiagonal

Nous allons voir que la méthode la plus efficace possible pour résoudre un système tridiagonal est la méthode directe. Si nous avons à résoudre un problème de même matrice avec successivement plusieurs second membres, comme ce sera le cas dans la suite, le plus efficace est de factoriser la matrice, par exemple sous la forme $A = LDL^T$, où D est diagonale et L triangulaire inférieure (voir par exemple [35], page 268).

Reprenons l'algorithme général de factorisation sous la forme $A = LDL^T$, présenté page 17, et adaptons-le ici au cas d'une matrice tridiagonale, en prenant soin de n'effectuer aucune multiplication par zéro. La fonction suivante effectue la factorisation *sur place*, au sens où les deux tableaux D et L contiennent les coefficients non-nuls de A en entrée et fournissent en sortie les coefficients non-nuls de la factorisée.

inplace_factorize.h

```
#include <valarray>
template <typename T>
void inplace_factorize (std::valarray<T>& D,
    std::valarray<T>& L)
{
  for (size_t i = 1; i < D.size(); i++) {
    T s = L[i-1]/D[i-1];
    D[i] -= s*L[i-1];
    L[i-1] = s;
  }
}
```

Remarquons le type générique T qui peut être un type de base comme **float** ou **double**, mais également un type plus évolué tel une précision étendue ou un nombre complexe. La résolution de $LDL^T x = b$ s'écrit :

inplace_solve.h

```
template <typename T>
void inplace_solve (const std::valarray<T>& D,
    const std::valarray<T>& L, std::valarray<T>& b)
{
  for (size_t i = 1; i < D.size(); i++)
    b[i] -= L[i-1]*b [i-1];
  for (size_t i = 0; i < D.size(); i++)
    b[i] /= D[i];
  for (long i = D.size()-1; i > 0; i--)
    b[i-1] -= L[i-1]*b[i];
}
```

La résolution s'effectue sur place : le tableau b contient le second membre en entrée et fournit la solution en sortie.

2.2.3 Le programme de test

Choisissons pour second membre $f(x) = 1$: la solution est connue explicitement : $u(x) = x(1 - x)/2$. Le code suivant va permettre de tester notre résolution du problème de Poisson en dimension un :

fish1d.cc

```cpp
#include <iostream>
#include "inplace_factorize.h"
#include "inplace_solve.h"
using namespace std;
double u (double x) { return (1-x*x)/2; }
int main (int argc, char** argv) {
  size_t n = (argc > 1) ? atoi(argv[1]) : 11;
  double h = 2./n;
  valarray<double> D( 2, n-1), L(-1, n-2);
  inplace_factorize (D, L);
  valarray<double> b(h*h, n-1);
  inplace_solve (D, L, b);
  valarray<double> pi_h_u(n-1);
  for (size_t i = 0; i < n-1; i++)
    pi_h_u[i] = u(-1+(i+1)*h);
  valarray<double> uerr = abs(pi_h_u - b);
  cout << "err = " << uerr.max() << endl;
  return (uerr.max() < 1e-8) ? 0 : 1;
}
```

La compilation et l'exécution sont données par :

```
make fish1d
./fish1d
```

La solution exacte étant polynomiale de degré deux, la solution approchée coïncide donc avec l'interpolée de la solution exacte. Par conséquent, sur n'importe quelle subdivision de pas h, l'erreur entre la solution exacte et la solution approchée aux noeuds de la subdivision sera nulle à la précision machine près.

2.2.4 Le cas d'une subdivision non-uniforme

Dans la section précédente, le pas de discrétisation h étant constant, la subdivision était uniforme. Nous allons maintenant le faire varier et monter l'intérêt de cette modification quand la solution exacte u est peu régulière. Pour cela, nous allons introduire la méthode des éléments finis et étudier la manière dont elle généralise la méthode des différences finies du paragraphe précédent. La méthode des éléments finis sera étudiée de façon plus approfondie à la section 3.4 où nous considérerons également les cas des dimensions deux ou trois en espace.

Sans perte de généralité, nous pouvons supposer que $I =] - 1, 1[$. Introduisons les formes bilinéaires :

$$m(u, v) = \int_{-1}^{1} u(x)\, v(x)\, \mathrm{d}x, \quad \forall u, v \in L^2(I),$$

$$a(u, v) = \int_{-1}^{1} u'(x)\, v'(x)\, \mathrm{d}x. \quad \forall u, v \in H_0^1(I).$$

Les formes $a(.,.)$ et $m(.,.)$ sont respectivement appelées formes d'énergie et de masse. La formulation variationnelle de (2.3) s'écrit :

Trouver $u \in H_0^1(I)$ *telle que*

$$a(u, v) = m(f, v), \quad \forall v \in H_0^1(I). \tag{2.6}$$

Pour obtenir cette formulation variationnelle, nous avons multiplié par une fonction-test v de l'espace $H_0^1(I)$, qui s'annule aux bords $x = \pm 1$, puis intégré entre -1 et 1, et enfin intégré par parties.

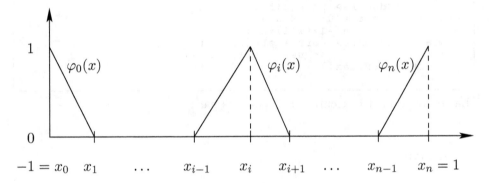

FIGURE 2.3 – Fonction de base φ_i.

Passons à présent à la discrétisation. Soit $-1 = x_0 < x_1 < \ldots < x_n = 1$ une subdivision de I. Posons $h_i = x_{i+1} - x_i$, $0 \leqslant i \leqslant n - 1$ et $h = \max\{h_i,\ 0 \leqslant i \leqslant n - 1\}$. Soit X_h l'ensemble des fonctions continues de I dans $\mathbb{R}$ et affines dans chaque intervalle $[x_i, x_{i+1}]$. Introduisons $V_h = X_h \cap H_0^1(I)$ l'espace des fonctions de X_h et s'annulant en $x = \pm 1$. Nous considérons le problème approché suivant :

Trouver $u_h \in V_h$ *telle que*

$$a(u_h, v_h) = m(f, v_h), \quad \forall v_h \in V_h. \tag{2.7}$$

L'espace X_h est de dimension finie : $\dim(X_h) = n + 1$ et l'espace V_h est un sous-espace de X_h qui contraint ses éléments à s'annuler aux deux extrémités $x = \pm 1$: nous avons donc $\dim(V_h) = n - 1$. Nous pouvons choisir pour base de X_h les fonctions $(\varphi_i)_{0 \leqslant i \leqslant n}$ valant un au i-ème sommet x_i et zéro aux autres sommets (voir Fig. 2.3). L'opérateur d'interpolation de Lagrange, noté π_h, associe à toute fonction u continue son interpolée $\pi_h(u) \in X_h$ telle que u et $\pi_h(u)$ coïncident aux $n + 1$ points x_i, $0 \leqslant i \leqslant n$. La fonction `interpolate` suivante implémente l'opérateur π_h :

interpolate_1d.h

```
#include<valarray>
template <typename T, typename Function>
std::valarray<T>
interpolate (const std::valarray<T>& x, Function v) {
  std::valarray<T> vh (x.size());
  for (size_t i = 0; i < x.size(); i++)
    vh[i] = v(x[i]);
  return vh;
}
```

Décomposons u_h dans cette base :

$$u_h(x) = \sum_{j=0}^{n} u_j \, \varphi_j(x)$$

En choisissant $v_h = \varphi_i$ dans (2.7), la formulation variationnelle conduit à :

$$\sum_{j=0}^{n} a(\varphi_j, \varphi_i) \, u_j = m(f, \varphi_i), \quad 1 \leqslant i \leqslant n-1,$$

$$u_0 = u_n = 0.$$

Cependant, il est difficile d'évaluer le second membre $m(f, \varphi_i)$ de façon exacte pour une fonction f générale :

$$m(f, \varphi_i) = \int_{-1}^{1} f(x) \, \varphi_i(x) \, \mathrm{d}x, , \quad 1 \leqslant i \leqslant n-1$$

Cette intégrale ne peut être connue exactement que pour des fonctions f particulières. Aussi, nous décomposons cette intégrale sur $[-1, 1]$ en une somme d'intégrale sur chaque élément $[x_i, x_{i+1}]$ et nous approchons chaque intégrale par la formule de quadrature des trapèzes :

$$\int_{x_{i-1}}^{x_i} \phi(x) \, \mathrm{d}x \approx h_i \frac{\phi(x_{i-1}) + \phi(x_i)}{2}$$

En introduisant la forme bilinéaire définie pour tout $u, v \in L^2(I)$ par

$$m_h(u, v) = \sum_{i=1}^{n} h_i \frac{u(x_{i-1})v(x_{i-1}) + u(x_i)v(x_i)}{2}$$

on remplace le problème approché précédent par le problème suivant :

Trouver $\tilde{u}_h \in V_h$ telle que

$$a(\tilde{u}_h, v_h) = m_h(f, v_h), \quad \forall v_h \in V_h. \tag{2.8}$$

Cette fois, nous n'avons plus aucun problème pour évaluer le second membre. Afin de ne pas alourdir les notations, nous omettrons par la suite les tildes, et noterons u_h la solution de (2.8). En choisissant $v_h = \varphi_i$ dans (2.8), la formulation variationnelle (2.8) conduit à :

$$\sum_{j=0}^{n} a(\varphi_i, \varphi_j)\, u_j = \sum_{j=0}^{n} m_h(\varphi_i, \varphi_j)\, f(x_j), \quad 1 \leqslant i \leqslant n-1,$$

$$u_0 = u_n = 0.$$

Il ne reste plus qu'à calculer les coefficients des matrices $A = (a_h(\varphi_i, \varphi_j))_{1 \leqslant i,j \leqslant n-1}$ et $M = (m_h(\varphi_i, \varphi_j))_{1 \leqslant i,j \leqslant n-1}$. La matrice M est clairement diagonale :

$$M = \begin{pmatrix} \dfrac{h_0 + h_1}{2} & 0 & \cdots & 0 & 0 \\ 0 & \dfrac{h_1 + h_2}{2} & \cdots & 0 & 0 \\ \cdots & \cdots & \cdots & \cdots & \cdots \\ 0 & 0 & \cdots & \dfrac{h_{n-2} + h_{n-1}}{2} & 0 \\ 0 & 0 & \cdots & 0 & \dfrac{h_{n-1} + h_n}{2} \end{pmatrix}$$

Ceci conduit à l'implémentation :

mass.h

```
template <typename T>
void mass (const std::valarray<T>& x, std::valarray<T>& M) {
  for (size_t i = 0; i < x.size()-2; i++)
    M[i] = (x[i+2]-x[i])/2;
}
```

Un calcul élémentaire donne :

$$\varphi_i(x) = \begin{cases} \dfrac{x - x_{i-1}}{x_i - x_{i-1}} & \text{si } i \geqslant 1 & \text{et } x \in \,]x_{i-1}, x_i[, \\ -\dfrac{x_{i+1} - x}{x_{i+1} - x_i} & \text{si } i \leqslant n-1 & \text{et } x \in \,]x_i, x_{i+1}[, \\ 0 & \text{sinon.} \end{cases}$$

et

$$\varphi_i'(x) = \begin{cases} 1/h_{i-1} & \text{si } i \geqslant 1 & \text{et } x \in \,]x_{i-1}, x_i[, \\ -1/h_{i+1} & \text{si } i \leqslant n-1 & \text{et } x \in \,]x_i, x_{i+1}[, \\ 0 & \text{sinon.} \end{cases}$$

et finalement :

$$A = \begin{pmatrix} \dfrac{1}{h_0} + \dfrac{1}{h_1} & -\dfrac{1}{h_0} & \cdots & 0 & 0 \\ -\dfrac{1}{h_1} & \dfrac{1}{h_1} + \dfrac{1}{h_2} & \cdots & 0 & 0 \\ \cdots & \cdots & \cdots & \cdots & \cdots \\ 0 & 0 & \cdots & \dfrac{1}{h_{n-3}} + \dfrac{1}{h_{n-2}} & -\dfrac{1}{h_{n-2}} \\ 0 & 0 & \cdots & -\dfrac{1}{h_{n-2}} & \dfrac{1}{h_{n-1}} + \dfrac{1}{h_{n-2}} \end{pmatrix}$$

La fonction suivante initialise la matrice A :

energy.h

```
template <typename T>
void energy (const std::valarray<T>& x, std::valarray<T>& D,
   std::valarray<T>& L)
{
   for (size_t i = 0; i+2 < x.size(); i++)
      D [i] = 1/(x[i+1]-x[i]) + 1/(x[i+2]-x[i+1]);
   for (size_t i = 0; i+3 < x.size(); i++)
      L [i] = - 1/(x[i+2]-x[i+1]);
   L [x.size()-3] = 0;
}
```

Les tableaux D et L, contiennent, comme précédemment, la diagonale, de taille $n - 1$, et la sous-diagonale, de taille $n - 2$. Pour des raisons de commodité, le tableau L sera également de taille $n - 1$, avec la convention que son dernier élément d'indice L.size()-1 ne sera pas utilisé.

Remarquons que le problème s'interprète comme un schéma aux différences finies :

$$-\frac{u_{i-1}}{h_{i-1}} + \left(\frac{1}{h_i} + \frac{1}{h_{i-1}}\right) u_i - \frac{u_{i+1}}{h_i} = \frac{h_i + h_{i-1}}{2} f(x_i), \quad 1 \leqslant i \leqslant n - 1$$
$$u_0 = u_n = 0$$

En particulier, lorsque la subdivision est choisie uniforme de pas h, nous retrouvons le schéma aux différences finies (2.4). Ainsi la méthode des éléments finis apparaît comme une généralisation de la méthode des différences finies.

Nous pourrions à présent écrire un programme, comme nous l'avions fait dans le cas d'une subdivision régulière. Pour augmenter la lisibilité et faciliter la réutilisation de notre code, nous allons encapsuler les tableaux D et L dans une classe représentant une matrice tridiagonale. En effet, l'objectif est de pouvoir ré-utiliser simplement notre code pour résoudre ensuite des problèmes en dimension deux.

2.2.5   La classe des matrices tridiagonales symétriques

Voici une classe représentant les matrices symétriques et tridiagonales :

tridiag.h

```
#include <valarray>
template <typename T>
class tridiag {
  public:
    tridiag (size_t n=0, const T& a=0, const T& b=0);
    tridiag (const tridiag<T>&);
    tridiag<T>& operator= (const tridiag<T>&);
    std::valarray<T>
      operator* (const std::valarray<T>& x) const;
    template <class U>
    friend void energy (std::valarray<U>& x, tridiag<U>& A);
  protected:
    std::valarray<T> D, L;
};
```

La classe contient en interne les deux tableaux D et L précédents et propose une interface permettant le produit matrice-vecteur $A * x$ ainsi qu'une fonction *amie*, qui réalise l'assemblage de la matrice d'énergie. Le qualificatif **friend** autorise la fonction **energy**, qui ne fait pas partie de la classe, à accéder aux tableaux D et L internes à la classe.

L'assemblage de la matrice d'énergie se réduit à :

tridiag.h (suite)

```
#include "energy.h"
template <class U>
void energy (std::valarray<U>& x, tridiag<U>& A) {
  energy (x, A.D, A.L);
}
```

Pour implémenter le produit matrice-vecteur, nous utilisons la fonction **shift** de la classe **valarray**, qui réalise un décalage logique (voir section 1.2.6, page 1.2.6).

tridiag.h (suite)

```
template <typename T>
std::valarray<T>
tridiag<T>::operator* (const std::valarray<T>& x) const {
  return L.shift(-1)*x.shift(-1) + D*x + L*x.shift(1);
}
```

Cette façon concise d'utiliser les décalages demande en contrepartie que les deux tableaux D et L soient de même longueur, avec la convention `L[L.size()-1] == 0`.

Enfin, passons aux fonctions-membres de la classe qui en permettent la création : le constructeur, le constructeur de copie, et l'opérateur d'affectation.

Le constructeur admet trois paramètres qui permettent des initialisations simples : n, la taille de la matrice et a et b des coefficients constant pour la diagonale et les sur- et sous-diagonales, respectivement. Par défaut, la matrice est de taille nulle et $a = b = 0$. Notons que le constructeur prend soin d'initialiser à zéro le dernier élément de L. Les constructeurs de copie et d'affectation sont ici assez similaires sur le principe (recopie de leur argument) mais sont assez différents dans leur écriture.

tridiag.h (suite)

```
template <typename T>
tridiag<T>::tridiag (size_t n, const T& a, const T& b)
  : D(a,n), L(b,n)
{
   if (n > 0) L[n-1] = 0;
}
template <typename T>
tridiag<T>::tridiag (const tridiag<T>& A)
  : D(A.D), L(A.L)
{
}
template <typename T>
tridiag<T>& tridiag<T>::operator= (const tridiag<T>& A) {
   D.resize (A.D.size());
   L.resize (A.L.size());
   D = A.D;
   L = A.L;
   return *this;
}
```

Nous allons maintenant implémenter la factorisation LDL^T à l'aide d'une classe qui manipule une matrice tridiagonale. L'interface est concis et clair pour la résolution du système linéaire :

tridiag_ldlt.h

```
#include <iostream>
#include "tridiag.h"
template <typename T>
class tridiag_ldlt : protected tridiag<T> {
  public:
     tridiag_ldlt (const tridiag<T>& A);
     std::valarray<T> solve (const std::valarray<T>& b) const;
};
```

Le constructeur effectue la factorisation

tridiag_ldlt.h (suite)

```
#include "inplace_factorize.h"
template <typename T>
tridiag_ldlt<T>::tridiag_ldlt (const tridiag<T>& A)
  : tridiag<T>(A)
{
   inplace_factorize (tridiag<T>::D, tridiag<T>::L);
}
```

La résolution s'écrit alors simplement

tridiag_ldlt.h (suite)

```cpp
#include "inplace_solve.h"
template <typename T>
std::valarray<T>
tridiag_ldlt<T>::solve (const std::valarray<T>& b) const {
  std::valarray<T> x = b;
  inplace_solve (tridiag<T>::D, tridiag<T>::L, x);
  return x;
}
```

Ces deux classes sont à présent complètes : nous sommes prêt à les utiliser. Le paragraphe suivant en illustre l'utilisation avec des subdivisions non-uniformes.

2.2.6   De l'interêt des subdivisions non-uniformes

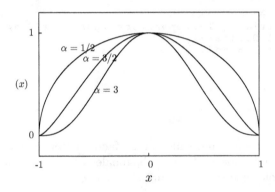

FIGURE 2.4 – Aspect de la solution $u_\alpha(x)$ sur $[-1, 1]$ suivant α.

Ce paragraphe a pour but l'étude du problème modèle de Poisson lorsque la solution est peu régulière. Quitte à ajuster la donnée f de façon adéquate, nous pouvons choisir la solution de la forme :

$$u_\alpha(x) = (1 - x^2)^\alpha, \quad \text{avec } \alpha > 1/2.$$

Cette fonction, dépendant d'un paramètre, peut être décrite en C++ de façon élégante à l'aide d'un *foncteur* :

u_alpha.h

```cpp
struct u {
  u (double a1) : a(a1) {}
  double operator() (double x) const { return pow(1-x*x,a); }
  double a;
};
```

Un foncteur, appelé aussi parfois *classe-fonction* est une classe disposant de la fonction membre `operator()` : une instance de cette classe admettra une écriture similaire à celle d'une fonction. Cette implémentation permettra en particulier de passer une instance de la classe u à l'opérateur d'interpolation de Lagrange, exactement comme s'il s'agissait d'une fonction usuelle.

La Fig. 2.4 représente $u_\alpha(x)$: nous observons que $u'_\alpha(x)$ peut devenir infini en $x = \pm 1$ pour certaines valeurs de α. Un rapide calcul permet de préciser ce manque de régularité : $u_\alpha \in H^{\alpha+1/2-\varepsilon}(I)$, pour tout $\varepsilon > 0$, mais $u_\alpha \notin H^{\alpha+1/2}(I)$. En effet, la dérivée d'ordre $s > 0$, $u^{(}s)$ est en $(1+x)^{\alpha-s}$ au voisinage de $x = -1$. Cette dérivée n'est de carré sommable dans ce voisinage que pour $s < \alpha + 1/2$.

Avec une subdivision uniforme de pas $h > 0$, l'erreur d'interpolation $|u - \pi_h u|$ en $x = -1 + h$ varie comme :

$$h^2 |u''(-1+h)| \approx h^2 \times h^{\alpha-2} = h^\alpha.$$

Ainsi, l'erreur dans ce voisinage est majorée par un terme en h^α. Loin des bords, l'erreur est en h^2, si bien que le mieux que nous puissions avoir sur une subdivision uniforme est une erreur d'interpolation en $\mathcal{O}(h^{\min(\alpha,2)})$.

L'idée est de resserrer la subdivision près des bords : cherchons une distribution des sommets de la forme $x_i = 2\chi(i/n) - 1$, $0 \leqslant i \leqslant n$ avec

$$\chi(t) = \frac{\beta t - 1 + (1-t)^\beta - t^\beta}{\beta - 2},$$

où $\beta \geqslant 1$. Nous retrouvons la subdivision uniforme pour $\beta = 1$. Le pas de la subdivision $h_i = x_{i+1} - x_i$ évolue comme $\chi'(i/n)$. Ainsi, l'erreur d'interpolation $h_i^2 |u''(x_i)|$ au voisinage de $x = -1$ va se comporter comme $\chi'(t)^2 \chi(t)^{\alpha-2}$ au voisinage de $t = 0$:

$$\chi'(t)^2 \chi(t)^{\alpha-2} \approx t^{\alpha\beta-2}$$

Cette erreur sera équirépartie dans ce voisinage si $\alpha\beta - 2 = 0$, c'est-à-dire $\beta = 2/\alpha$. Nous appellerons *subdivision adaptée* la subdivision obtenue, en ce sens qu'elle est adaptée à la solution à calculer. La fonction $\chi_\beta(t)$ s'écrit très simplement :

chi_beta.h

```
double chi (double b, double t) {
   return (b*t - 1 - pow (t, b) + pow(1-t, b))/(b-2);
}
```

Nous disposons à présent de tous les éléments pour écrire un programme de calcul :

fish1d_adapt.cc

```
#include <iostream>
#include "valarray_util.h"
#include "range.h"
#include "mass.h"
#include "tridiag_ldlt.h"
#include "u_alpha.h"
#include "f_alpha.h"
#include "chi_beta.h"
#include "interpolate_1d.h"
using namespace std;
int main (int argc, char** argv) {
  size_t n = (argc > 1) ? atoi(argv[1]) : 11;
  double alpha = (argc > 2) ? atof(argv[2]) : 0.5,
         beta  = (argc > 3) ? atof(argv[3]) : 2/alpha;
  valarray<double> x (n+1);
  for (size_t i = 0; i < n+1; i++)
    x[i] = -1 + 2*chi (beta, 1.0*i/n);
  valarray<double> M(n-1);
  tridiag<double>  A(n-1);
  mass    (x, M);
  energy (x, A);
  tridiag_ldlt<double> C(A);
  valarray<double> pi_h_f = interpolate (x, f(alpha)),
              b = M*valarray<double>(pi_h_f[range(1,n)]),
              uh (0.0, n+1);
  uh [range(1,n)] = C.solve (b);
  valarray<double> pi_h_u = interpolate (x, u(alpha)),
              u_err = (pi_h_u - uh)[range(1,n)],
              uerr_linf = abs(u_err);
  cerr << "err_l2   " << sqrt(dot (u_err, M*u_err)) << endl
       << "err_linf " << uerr_linf.max() << endl
       << "err_h1   " << sqrt(dot (u_err, A*u_err)) << endl;
}
```

Le programme prend en entrée, sur la ligne de commande, les données n, α et β. Après avoir résolu le problème sur la subdivision adaptée, nous obtenons en sortie l'erreur $\pi_h(u_\alpha) - u_h$ entre l'interpolée de la solution exacte et la solution approchée, ceci dans les normes L^2, L^∞ et dans la semi-norme de l'énergie, équivalente à la norme H^1 dans H_0^1.

f_alpha.h

```
struct f {
  f (double a1) : a(a1) {}
  double operator() (double x) const {
    return (x*x == 1) ? 0 :
      2*a*(pow (1-x*x, a-1) - 2*(a-1)*x*x*pow (1-x*x, a-2));
  }
  double a;
};
```

La donnée f en second membre du problème de Poisson a été ajusté de façon à ce que u_α soit solution du problème, c'est-à-dire en choisissant $f = -u_\alpha''$.

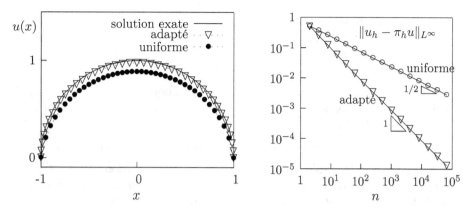

FIGURE 2.5 – Approximation sur les subdivisions uniformes et adaptées : à gauche, solutions pour $n = 40$ et $\alpha = 1/2$; à droite, convergence vers $u(x) = (1 - x^2)^{1/2}$ en fonction de n pour $\alpha = 1/2$ avec la norme L^∞.

La compilation et l'exécution du code sont réalisées par :

```
make fish1_adapt
./fish1d_adapt_tst 1000 0.5 1
./fish1d_adapt_tst 1000 0.5 4
```

Le premier argument de la ligne d'appel est n. Les suivants sont α et β : ces arguments sont optionnels. Le premier calcul avec $\beta = 1$ correspond à la subdivision uniforme, le second, avec $\beta = 4$, à l'adaptation.

La figure 2.5.a compare ces deux solutions approchées avec la solution exacte, ceci pour $n = 40$ et $\alpha = 1/2$. Le maximum de l'erreur, obtenu en $x = 0$, est de 12 % sans adaptation et tombe à 2 % avec un maillage adapté. Ainsi, pour un même nombre de points de la subdivision, la solution approchée sur maillage adapté est nettement plus précise. Cet écart s'accroît encore plus lorsque n augmente. La figure 2.5.b présente pour $\alpha = 1/2$ l'erreur $\|u_h - \pi_h u\|_{L^\infty}$ selon n pour une subdivision uniforme ($\beta = 1$) et adaptée ($\beta = 4$). Dans le cas uniforme, l'erreur est en $\mathcal{O}(n^{-1/2}) = \mathcal{O}(h^{1/2})$. Dans le cas adapté, l'erreur est en $\mathcal{O}(n^{-1}) = \mathcal{O}(h)$. La convergence est donc bien plus rapide pour un maillage adapté. La norme L^2 de l'erreur a un comportement similaire. Enfin, pour $\alpha = 1/2$, l'erreur ne converge pas en norme H^1 car la solution n'appartient pas à cet espace.

2.2.7   Exercices

EXERCICE 10. (*Convergence de la méthode des différences finies*)
On se place en dimension un. Ajuster le second membre $f(x)$ pour que la

solution du problème de Poisson dans $]-1,1[$ soit $u(x) = \cos(\pi x/2)$. Cette solution n'est pas polynomiale, et la solution calculée par différences finies ne coïncide donc pas avec l'interpolée $\pi_h u$ de la solution exacte, comme c'était le cas dans l'exemple au début de cette section.

1) Modifier le code `fish1d.cc` de cette section, pour qu'il calcule l'interpolée de Lagrange de u et celle de f à l'aide de la fonction `interpolate` du fichier `interpolate_1d.h`.

2) Résoudre le problème de Poisson et calculer l'erreur $e_h = \max_i |u_i - u(x_i)|$.

3) Faire varier la taille n du problème par la relation $n = 2^k$, pour $k = 1, 2, 3 \ldots 15$. Tracer l'erreur e_h en fonction de h en axes logarithmiques. En déduire que l'erreur se comporte comme une fonction puissance de h, de la forme $e_h = ch^\alpha$ et estimer les valeurs de c et α.

EXERCICE 11. (*Factorisation LDL^T avec structure bande*)
Cet exercice utilise le résultat sur les matrices à structure bande introduit dans l'exercice 4, page 21.

1) L'approximation par éléments finis de degré P_k (voir par exemple dans [42] pour les détails de cette méthode) en dimension un d'espace conduit à un système linéaire dont la largeur de bande est $b = k$. En déduire le temps asymptotique d'exécution de la résolution.

2) L'approximation par différences finies en dimension d d'espace avec un pas de discrétisation $h = 1/m$ conduit à une matrice de taille totale $n = (m+1)^d$ et à une largeur de bande $b = \Theta\left(m^{d-1}\right)$. Montrer que le temps de factorisation LDL^T exploitant la structure bande est

$$T(n) = \Theta\left(n^{3-2/d}\right)$$

et que le temps de résolution des systèmes triangulaires est $\Theta\left(n^{2-1/d}\right)$.

2.2.8   Notes

Dans ce livre, nous aurons l'occasion d'étudier plusieurs approches du problème de Poisson pour des dimensions supérieures en espace : la section 2.3 suivante présente une résolution rapide dans le cadre de la méthode des différences finies et la section 3.4 présentera la méthode des éléments finis. La notion d'adaptation de maillage, lorsque la solution est peu régulière, s'étend au cas des problèmes en dimension deux ou trois : la librairie `rheolef` [49], propose également une implémentation C++ de ces méthodes.

Le concept de foncteur présenté dans l'exemple `u_alpha.h`, page 42, dans le contexte du calcul scientifique a été introduite de façon plus générale dans la *standard template library*, abbrégée en `stl` [39]. Cette dernière librairie est incluse dans la librairie standard du langage C++.

2.3 Application aux différences finies multi-dimensionnelles

2.3.1 Les différences finies en grilles régulières

Soit Ω un ouvert borné du plan $\mathbb{R}^2$, de frontière $\partial\Omega$. Considérons le problème suivant :

Trouver u, définie de Ω dans $\mathbb{R}$, tel que

$$\begin{aligned} -\Delta u &= f \text{ dans } \Omega \\ u &= 0 \text{ sur } \partial\Omega \end{aligned} \tag{2.9}$$

où f est une fonction donnée de Ω dans $\mathbb{R}$. Il s'agit d'une extension du problème de la section précédente à la dimension deux en espace. Rappelons que résoudre ce problème permet par exemple de connaître la déformation u d'une membrane ou d'une voile subissant la charge f, ou bien la vitesse u d'un fluide en écoulement établi dans une section de forme Ω sous la poussée f, ou encore de résoudre divers problèmes de thermique.

La solution du problème (2.9) n'est généralement pas connue explicitement sauf pour quelques cas très particuliers de géométrie Ω et de donnée f. Dans le cas où Ω est rectangulaire, et pour une donnée f générale, nous allons approcher la solution u par la technique des différences finies. Sans perte de généralité, nous pouvons alors supposer $\Omega =]-1,1[^2$. Le problème discrétisé par différences finies s'énonce :

Trouver $(u_{i,j})_{0 \leqslant i,j \leqslant m}$ tel que

$$\begin{aligned} -u_{i,j+1} - u_{i+1,j} + 4u_{i,j} - u_{i-1,j} - u_{i,j-1} &= h^2 f(x_i, x_j), \ 1 \leqslant i, j \leqslant m-1 \\ u_{i,0} &= u_{i,m} = 0, \ 0 \leqslant i \leqslant m \\ u_{0,j} &= u_{m,j} = 0, \ 1 \leqslant j \leqslant m-1 \end{aligned}$$

où $h = 1/m$ et $x_i = ih$, $0 \leqslant i \leqslant m$. Notons n la taille de ce système linéaire : nous avons $n = (m-1)^2$. Numérotons ensuite les inconnues $(u_{i,j})_{1 \leqslant i,j \leqslant m-1}$ par ligne d'abord, puis par colonne : $\mathcal{I}(i,j) = (m-1)(j-1) + i - 1 \in [0, n-1]$ pour $1 \leqslant i, j \leqslant m$. L'implémentation de l'interpolée $\pi_h v$ d'une fonction v sur la grille est donnée par

interpolate_2d.h

```
#include <valarray>
template <typename T>
std::valarray<T>
interpolate (size_t n, T (*v)(const T&, const T&)) {
  std::valarray<T> pi_h_v ((n+1)*(n+1));
  T h = 2.0/n;
  for (size_t j = 0; j < n+1; j++)
    for (size_t i = 0; i < n+1; i++)
      pi_h_v [i+j*(n+1)] = v (-1+i*h, -1+j*h);
  return pi_h_v;
}
```

Le problème peut se mettre sous la forme d'un système linéaire de matrice

$$A = \begin{pmatrix} \tilde{C} & -I & & & \\ -I & \tilde{C} & -I & & \\ & \ddots & \ddots & \ddots & \\ & & -I & \tilde{C} & -I \\ & & & -I & \tilde{C} \end{pmatrix}$$

où I est la matrice identité d'ordre $m-1$ et $\tilde{C} = 4.I - C_0$ est la matrice d'ordre $m-1$, avec :

$$C_0 = \begin{pmatrix} 0 & 1 & & & \\ 1 & 0 & 1 & & \\ & \ddots & \ddots & \ddots & \\ & & 1 & 0 & 1 \\ & & & 1 & 0 \end{pmatrix}$$

Nous allons à présent étudier comment résoudre ce système linéaire.

2.3.2 Estimation du coût pour différentes résolutions classiques

Passons en revue les différentes méthodes que nous avons abordé jusqu'à présent et qui permettent de résoudre ce problème.

Nous pouvons aborder la résolution de ce système par une méthode directe : en appliquant la factorisation LDL^T présentée à la section 1.2.5, page 17. Elle conduit à un coût en temps de calcul :

$$T(n) = \Theta\left(n^3\right)$$

En utilisant l'algorithme récursif de Strassen, nous obtenons une amélioration, avec le coût

$$T(n) = \Theta\left(n^{\log_2(7)}\right)$$

avec $\log_2(7) \approx 2.81$.

Remarquons que que la matrice A a une structure bande. En exploitant celle-ci (voir l'exercice 11), nous obtenons, pour la dimension deux d'espace, un coût en temps de calcul de la factorisation LDL^T de :

$$T(n) = \Theta\left(n^2\right)$$

La prise en compte de cette structure bande conduit donc à un gain notable.

Nous allons maintenant voir omment faire encore mieux, et obtenir un coût

$$T(n) = \Theta(n \log n)$$

en utilisant plus finement la structure très particulière de la matrice A. Pour cela, nous allons commencer par calculer les valeurs propres de la matrice $\tilde{C}$. Ensuite, nous verrons comment la résolution se ramène à une succession d'applications de la transformation de Fourier rapide.

2.3.3 Valeurs et vecteurs propres des matrices tridiagonales

Une matrice de Toeplitz est une matrice qui a ses coefficients constants sur chacune de ses diagonales. La matrice $\tilde{C}$ est une matrice de Toeplitz symétrique et tridiagonale. Cherchons les valeurs propres de la matrice $\tilde{C}$. Remarquons que la matrice du problème de Poisson en dimension un, apparaissant dans (2.5) est obtenue à partir de $\tilde{C}$ en remplaçant les 4 sur la diagonale par des 2 : $C = 2.I - C_0$. Nous allons montrer la propriété bien utile suivante.

PROPRIÉTÉ **1** *La matrice d'ordre* $m - 1$

$$\text{tridiag}_{m-1}(\alpha, \beta) = \begin{pmatrix} \alpha & \beta & & & \\ \beta & \alpha & \beta & & \\ & \ddots & \ddots & \ddots & \\ & & \beta & \alpha & \beta \\ & & & \beta & \alpha \end{pmatrix}$$

a pour valeurs propres

$$\lambda_k = \alpha + 2\beta \cos\left(\frac{k\pi}{m}\right), \qquad 1 \leqslant k \leqslant m - 1$$

et pour vecteurs propres unitaires associés :

$$v_k = \left(\sqrt{\frac{2}{m}} \sin\left(\frac{jk\pi}{m}\right)\right)_{1 \leqslant j \leqslant m-1}$$

Démonstration : Remarquons tout d'abord que λ est valeur propre de $\text{tridiag}_{m-1}(\alpha, \beta)$ si et seulement si $\det((\lambda - \alpha)I - \beta C_0) = 0$. Autrement dit, si μ est valeur propre de C_0, alors $\lambda = \alpha + \beta\mu$ sera valeur propre de $\text{tridiag}_{m-1}(\alpha, \beta)$. Il nous suffit donc de trouver les valeurs propres de C_0. Introduisons le polynôme caractéristique de la matrice C_0 d'ordre $k \geqslant 2$:

$$p_k(\mu) = \det(\mu I - C_0) = \begin{vmatrix} \mu & -1 & & & \\ -1 & \mu & -1 & & \\ & \ddots & \ddots & \ddots & \\ & & -1 & \mu & -1 \\ & & & -1 & \mu \end{vmatrix}.$$

Un développement du déterminant par rapport à la première colonne conduit à la formule de récurrence

$$p_k(\mu) = \mu\, p_{k-1}(\mu) - p_{k-2}(\mu), \quad k \geqslant 3. \tag{2.10}$$

D'autre part,

$$p_1(\mu) = \mu \quad \text{et} \quad p_2(\mu) = \mu^2 - 1.$$

Par commodité de notations, introduisons

$$p_{-1}(\mu) = 0 \quad \text{et} \quad p_0(\mu) = 1.$$

si bien que la formule de récurrence précédente est vérifiée dès que $k \geqslant 1$. Ensuite, nous effectuons le changement de variable :

$$\mu = 2\nu \quad \text{et} \quad q_k(\nu) = p_k(\mu), \quad k \geqslant -1.$$

Ainsi, la formule de récurrence devient :

$$
\begin{aligned}
q_{-1}(\nu) &= 0, \\
q_0(\nu) &= 1, \\
q_k(\nu) &= 2\nu\, q_{k-1}(\nu) - q_{k-2}(\nu), \quad k \geqslant 1.
\end{aligned}
$$

Le facteur deux devant le premier terme du membre de droite fait toute la différence : nous reconnaissons à présent la formule de récurrence caractéristique des polynômes de Tchebychev. Considérons maintenant le second changement de variable $\nu = \cos\varphi$. La formule de récurrence s'écrit alors

$$q_k(\cos\varphi) = 2\cos(\varphi)\, q_{k-1}(\cos(\varphi)) - q_{k-2}(\cos(\varphi)), \quad k \geqslant 1.$$

et comparons-la à la formule trigonométrique

$$\sin\{(k+1)\varphi\} = 2\cos(\varphi)\sin(k\varphi) - \sin\{(k-1)\varphi\}, \quad k \geqslant 1.$$

Ceci nous conduit à poser

$$q_k(\nu) = \frac{\sin\{(k+1)\varphi\}}{\sin\varphi}.$$

Le dénominateur sert à assurer l'amorçage de la récurrence, pour $k = -1$ et $k = 1$:

$$
\begin{aligned}
q_{-1}(\nu) &= \frac{\sin 0}{\sin\varphi} = 0 \\
q_0(\nu) &= \frac{\sin\varphi}{\sin\varphi} = 1
\end{aligned}
$$

Ainsi, μ est valeur propre de C_0 si et seulement si $q_{m-1}(\nu) = 0$, soit encore

$$\frac{\sin(m\varphi)}{\sin\varphi} = 0, \quad \text{avec } \varphi = \arccos(\nu) = \arccos(\mu/2)$$

Ceci équivaut à $\varphi \notin \{0, \pi\}$ et $\exists k \in \mathbb{Z}$ tel que $m\varphi = k\pi$. Les $m-1$ valeurs propres $(\mu_k)_{1 \leqslant k \leqslant m-1}$ de C_0 sont donc données, en ordre croissant, par :

$$\mu_k = 2\cos\left(\frac{k\pi}{m}\right), \quad 1 \leqslant k \leqslant m-1$$

Recherchons à présent les vecteurs propres associés. Remarquons que les $m-1$ premières relations de récurrences (2.10), avec $k = 1, \ldots m-1$, s'écrivent aussi sous la forme matricielle

$$\mu \begin{pmatrix} p_0(\mu) \\ p_1(\mu) \\ \cdots \\ p_{m-3}(\mu) \\ p_{m-2}(\mu) \end{pmatrix} = \begin{pmatrix} 0 & 1 & & & \\ 1 & 0 & 1 & & \\ & \ddots & \ddots & \ddots & \\ & & 1 & 0 & 1 \\ & & & 1 & 0 \end{pmatrix} \begin{pmatrix} p_0(\mu) \\ p_1(\mu) \\ \cdots \\ p_{m-3}(\mu) \\ p_{m-2}(\mu) \end{pmatrix} + p_{m-1}(\mu) \begin{pmatrix} 0 \\ 0 \\ \cdots \\ 0 \\ 1 \end{pmatrix}$$

Posons $v(\mu) = (p_0(\mu), \ldots, p_{m-2}(\mu))^T$. En choisissant $\mu = \mu_k$, qui est une racine de p_{m-1}, il vient :

$$\mu_k v(\mu_k) = C_0 \, v(\mu_k)$$

Ainsi, $v(\mu_k)$ est un vecteur propre associé à la valeur propre μ_k. Il nous reste à normaliser ce vecteur propre. Nous avons

$$\|v(\mu_k)\|^2 = \sum_{j=0}^{m-2} p_j(\mu_k)^2 = \frac{\displaystyle\sum_{j=1}^{m-1} \sin^2\left(\frac{jk\pi}{m}\right)}{\sin^2\left(\frac{k\pi}{m}\right)}$$

Une inspection de la somme donne successivement

$$\sum_{j=1}^{m-1} \sin^2\left(\frac{jk\pi}{m}\right) = \frac{1}{4} \sum_{j=1}^{m-1} \left(2 - e^{2ijk\pi/m} - e^{-2ijk\pi/m}\right)$$

$$= \frac{m-1}{2} - \sum_{j=1}^{m-1} e^{2ijk\pi/m} + e^{-2ijk\pi/m}$$

En rappelant que $1 + \xi + \ldots + \xi^{m-1} = (1 - \xi^m)/(1 - \xi)$, puis, en choisissant $\xi = e^{\pm 2ik\pi/m}$ et en remarquant que $\xi^m = 1$, il vient finalement

$$\|v(\mu_k)\|^2 = \frac{m}{2\sin^2\left(\frac{k\pi}{m}\right)}$$

d'où le résultat annoncé. $\square$

Nous allons à présent appliquer ce résultat à la résolution du problème de Poisson en dimension deux.

2.3.4   Résolution directe par transformée de Fourier

Les valeurs propres de la matrice $\tilde{C} = 4.I - C_0$, de taille $m-1$, sont $\lambda_k = 4 - 2\mu_k = 4 - 2\cos(k\pi/m)$, $1 \leqslant k \leqslant m-1$. Afin d'effectuer un changement de base, introduisons la matrice $V = (V_{k,l})_{1\leqslant k,l\leqslant m-1}$ dont les colonnes sont les vecteurs propres associés :

$$V_{l,k} = \sqrt{\frac{2}{m}} \, \sin\left(\frac{k\,l\,\pi}{m}\right), \quad 1 \leqslant k,l \leqslant m-1. \tag{2.11}$$

La matrice $\tilde{C}$ étant symétrique, les vecteurs sont orthogonaux et sont de plus de norme un. On a donc $V^T V = VV^T = I$, soit encore $V^{-1} = V^T$, autrement dit la matrice de changement de base est unitaire. Ainsi $V^T \tilde{C} V = \Lambda$, où Λ désigne la matrice diagonale composée des valeurs propres $\Lambda_{k,k} = \lambda_k$, $1 \leqslant k \leqslant m-1$. De plus, par la définition (2.11), la matrice V est symétrique, si bien que $V = V^T = V^{-1}$ et $VV = I$. Nous avons à présent des outils pour revenir au système de Poisson (2.3.1), page 47. Ce système peut s'écrire par blocs

$$\begin{cases} \tilde{C}u_1 & - & u_2 & = & f_1, \\ -u_{j-1} & + & \tilde{C}u_j & - & u_{j+1} & = & f_j, & 2 \leqslant j \leqslant m-2, \\ -u_{m-2} & + & \tilde{C}u_{m-1} & & & = & f_{m-1}, \end{cases}$$

avec $u_j = (u_{k,j})_{1\leqslant k\leqslant m-1}$ et $f_j = (f_{k,j})_{1\leqslant k\leqslant m-1}$. Décomposons u_j et f_j dans la base associée aux vecteurs propres : $u_j = V^T \tilde{u}_j$ et $f_j = V^T \tilde{f}_j$, $1 \leqslant j \leqslant m-1$. Alors le système devient :

$$\begin{cases} \Lambda \tilde{u}_1 & - & \tilde{u}_2 & = & \tilde{f}_1, \\ -\tilde{u}_{j-1} & + & \Lambda \tilde{u}_j & - & \tilde{u}_{j+1} & = & \tilde{f}_j, & 2 \leqslant j \leqslant m-2, \\ -\tilde{u}_{m-2} & + & \Lambda \tilde{u}_{m-1} & - & & = & \tilde{f}_{m-1}. \end{cases}$$

Redéveloppons à présent les blocs. Nous avons pour tout $k \in \{1, \ldots m-1\}$:

$$\begin{cases} \lambda_k \tilde{u}_{k,1} & - & \tilde{u}_{k,2} & = & \tilde{f}_{k,1}, \\ -\tilde{u}_{k,j-1} & + & \lambda_k \tilde{u}_{k,j} & - & \tilde{u}_{k,j+1} & = & \tilde{f}_{k,j}, & 2 \leqslant j \leqslant m-2, \\ -\tilde{u}_{k,m-2} & + & \lambda_k \tilde{u}_{k,m-1} & - & & = & \tilde{f}_{k,m-1}. \end{cases}$$

Ainsi, ces $m-1$ systèmes linéaires sont découplés. Pour chaque k fixé, nous sommes en présence d'un système tridiagonal de matrice $A_k = \lambda_k I - C_0$, que nous savons résoudre par une méthode directe en un temps de calcul optimal (voir section 2.2.2, page 34). Remarquons que la matrice A_k est elle aussi une matrice de Toeplitz symétrique et tridiagonale. Nous pouvons proposer un premier algorithme de résolution :

algorithme : Poisson bidimensionnel sur grille uniforme
    entrée $(f_{k,j})_{1 \leqslant k,j \leqslant m-1}$
    sortie $(u_{k,j})_{1 \leqslant k,j \leqslant m-1}$
début
    pour $j := 1 \ldots m-1$
        pour $k := 1 \ldots m-1$

$$\tilde{f}_{k,j} := \frac{2}{m} \sum_{p=1}^{m-1} \sin\left(\frac{kp\pi}{m}\right) f_{p,j}$$

        pour $k := 1 \ldots m-1$
        $\lambda_k := 4 - 2\cos k\pi/m$
        trouver $\tilde{u}_k = (\tilde{u}_{k,j})_{1 \leqslant p \leqslant m-1}$ tel que $(\lambda_k.I - C_0)\tilde{u}_k = \tilde{f}_k$
    pour $j := 1 \ldots m-1$
        pour $k := 1 \ldots m-1$

$$u_{k,j} := \sum_{p=1}^{m-1} \sin\left(\frac{kp\pi}{m}\right) \tilde{u}_{p,j}$$

fin

Faisons une rapide évaluation du temps de calcul pour cet algorithme. La première boucle contient une sous-boucle qui, elle-même contient une somme : son temps de calcul est $\Theta\left(m^3\right) = \Theta(n^{3/2})$, car $n = (m-1)^2$ est la taille du système linéaire à résoudre. La seconde boucle contient la résolution du système tridiagonal : chaque système tridiagonal est résolu de façon optimale en $\Theta(m)$ si bien que le coût de cette deuxième boucle est $\Theta\left(m^2\right) = \Theta(n)$. La troisième boucle est similaire à la première et son temps de calcul est également $\Theta\left(n^{3/2}\right)$.

Nous allons voir que nous pouvons optimiser encore la première et la troisième boucle. En utilisant de la transformé en sinus, qui est une variante de la transformée de Fourier, nous obtiendrons alors un temps de calcul $T(n) = \Theta(n \log n)$.

2.3.5 La transformée en sinus

Considérons la transformée en sinus du vecteur $v = (v_p)_{1 \leqslant p \leqslant m-1}$ s'écrit :

$$\tilde{v}_k = \sum_{p=1}^{m-1} \sin\left(\frac{kp\pi}{m}\right) v_p, \quad k = 1 \ldots m-1.$$

Étendons v_p avec $p = 2m$ en un échantillon périodique, impair à $p = m$, par

$$v_{2m-p} = -v_p, \quad p = 1 \ldots m-1,$$
$$v_0 = v_m = u_{2m} = 0,$$

et observons la transformée de Fourier

$$\hat{v}_k = \sum_{p=0}^{2m-1} e^{2ikp\pi/(2m)} v_p, \quad k = 0 \ldots 2m-1.$$

La moitié de cette somme, de $p = m$ à $2m - 1$, peut se récrire en posant $p' = 2m - p$:

$$\sum_{p=m}^{2m-1} e^{2ikp\pi/(2m)}\, v_p = \sum_{p'=1}^{m} e^{2ik(2m-p')\pi/(2m)}\, v_p = -\sum_{p'=1}^{m-1} e^{-2ikp'\pi/(2m)}\, v_p.$$

Ainsi

$$
\begin{aligned}
\hat{v}_k &= \sum_{p=0}^{m-1} \{ e^{2ikp\pi/(2m)} - e^{-2ikp\pi/(2m)}\, v_p \}\, v_p \\
&= 2i \sum_{p=1}^{m-1} \sin(kp\pi/m)\, v_p \\
&= 2i\tilde{v}_k.
\end{aligned}
$$

Le calcul des coefficients $\tilde{v}_k$ de la transformée en sinus se rammène donc à celui des coefficients $\hat{v}_k$ de la transformée de Fourier : nous avons vu à la section 2.1 comment calculer ces coefficients en un temps $\mathcal{O}(m \log m)$. La fonction suivante implémente la transformée en sinus, les tableaux v et $\tilde{v}$ ayant été renumérotés à partir de zéro pour suivre la convention du langage C++.

fft_sin.h

```cpp
#include "fft.h"
#include <valarray>
#include <complex>
#include <cassert>
template <typename T>
std::valarray<T> fft_sin (const std::valarray<T>& v) {
  using namespace std;
  size_t m = v.size()+1;
  valarray<complex<T> > v_ext(2*m), hat_v(2*m);
  v_ext[0] = 0;
  for (size_t p = 1; p < m; ++p) {
    v_ext[p]     =  v[p-1];
    v_ext[2*m-p] = -v[p-1];
  }
  const T pi = acos(T(-1));
  complex<T> i (0,1), w  = exp((pi/m)*i);
  assert(fabs(log2(m)-int(log2(m))) < 1e-10);
  fft (w, v_ext, hat_v);
  std::valarray<T> tilde_v(m-1);
  for (size_t p = 1; p < m; ++p)
    tilde_v[p-1] = m*hat_v[p].imag();
  return tilde_v;
}
```

Pour augmenter la lisibilité du code, qui utilise les tableaux unidimensionnels `valarray<T>` pour ranger des données bidimensionnelles $u_{k,j}$, nous utilisons les structures suivantes, qui permettent d'accéder à une colonne ou à une ligne spécifique row_col.h

```
#include <valarray>
struct row_type {
  row_type (size_t n1) : n(n1) {}
  std::slice operator() (size_t j) const {
       return std::slice (n*j, n, 1); }
protected:
  size_t n;
};
struct col_type {
  col_type (size_t n1) : n(n1) {}
  std::slice operator() (size_t i) const {
       return std::slice (i, n, n); }
protected:
  size_t n;
};
```

Dans le même esprit, nous pouvons accéder à un élément particulier à l'aide de la structure

index.h

```
struct index_type {
  index_type (size_t n1) : n(n1) {}
  size_t operator() (size_t i, size_t j) const {
                       return j+i*n; }
protected:
  size_t n;
};
```

2.3.6   Un algorithme de résolution rapide

En utilisant la résolution par transformée en sinuis du paragraphe précédent, l'algorithme en trois boucles du paragraphe 2.3.4 s'écrit alors fish2d_fft.h

```cpp
#include "fft_sin.h"
#include "tridiag_ldlt.h"
#include "row_col.h"
template <typename T>
std::valarray<T>
fish2d_fft(size_t m, const std::valarray<T>& b) {
  using namespace std;
  valarray<T> tilde_b (b.size()), tilde_u (b.size()),
              u (b.size());
  col_type col(m-1);
  for (size_t j = 0; j < m-1; j++) {
    valarray<T> bj = b[col(j)];
    tilde_b[col(j)] = (2./m)*fft_sin(bj);
  }
  row_type row(m-1);
  const T pi = acos(T(-1));
  for (size_t k = 0; k < m-1; k++) {
    tridiag<T> poisson_1d (m-1, 4 - 2*cos((k+1)*pi/m), -1);
    tridiag_ldlt<T> factorized_1d (poisson_1d);
    tilde_u[row(k)] = factorized_1d.solve (tilde_b [row(k)]);
  }
  for (size_t j = 0; j < m-1; j++) {
    valarray<T> tilde_uj = tilde_u[col(j)];
    u[col(j)] = fft_sin(tilde_uj);
  }
  return u;
}
```

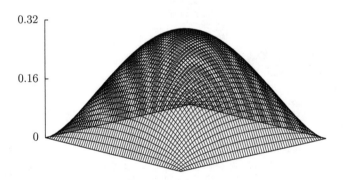

FIGURE 2.6 – Solution du problème de Poisson en dimension deux : vue en élévation $z = u_h(x, y)$.

Le programme d'appel de cette résolution rapide est donné par :

fish2d_fft.cc

```cpp
#include "fish2d_fft.h"
#include "interpolate_2d.h"
#include "index.h"
#include "valarray_io.h"
using namespace std;
double f (const double& x, const double& y) { return 1; }
int main (int argc, char** argv) {
  size_t m = (argc > 1) ? atoi(argv[1]) : 64;
  double h = 2./m;
  index_type elt (m+1), num (m-1);
  valarray<double> pi_h_f = interpolate(m, f), b((m-1)*(m-1));
  for (size_t i = 0; i < m-1; i++)
    for (size_t j = 0; j < m-1; j++)
      b [num(i,j)] = h*h*pi_h_f [elt (i+1,j+1)];
  valarray<double> uh(0.,(m+1)*(m+1)), x = fish2d_fft(m, b);
  for (size_t i = 0; i < m-1; i++)
    for (size_t j = 0; j < m-1; j++)
      uh [elt(i+1, j+1)] = x[num(i,j)];
  cout << uh;
}
```

```
make fish2d_fft
./fish2d_fft 64 > uh.data
```

FIGURE 2.7 – Solution du problème de Poisson en dimension deux : (à gauche) vue avec une palette de couleurs ; (à droite) avec 15 lignes isovaleurs équi-espacées.

La solution est écrite dans le fichier uh.data que nous pouvons convertir au format .gdat afin de le visualiser avec gnuplot [63] (voir Fig. 2.6) :

```
make data2gdat
./data2gdat < uh.data > uh.gdat
gnuplot
```

Une fois sous l'interpréteur de commande **gnuplot**, nous entrons simplement :

```
splot 'uh.gdat' with lines
```

et la solution apparaît en élévation $z = u_h(x, y)$. Le code de conversion, très simple, est

data2gdat.cc

```cpp
#include "valarray_io.h"
#include "index.h"
using namespace std;
int main (int argc, char** argv) {
  valarray<double> u;
  cin >> u;
  size_t m = sqrt(u.size()) - 1;
  index_type elt(m+1);
  double h = 2./m;
  for (size_t i = 0; i < m+1; i++) {
    for (size_t j = 0; j < m+1; j++)
      cout << -1+i*h << " " << -1+j*h << " " << u[elt(i,j)]
           << endl;
    cout << endl;
  }
}
```

Une séquence de commandes plus élaborées permet de visualiser les isovaleurs de la solution à l'aide d'une palette de couleurs (voir Fig. 2.7) :

```
set size ratio -1
set view map
set palette rgbformulae 33,13,-4
set pm3d interpolate 10,10 corners2color mean
splot 'uh.gdat' with pm3d
```

Une variante permet de visualiser les lignes isovaleurs une à une :

```
set size ratio -1
set view map
set palette rgbformulae 0,0,0
set cntrparam levels 20
set contour base
unset surface
unset colorbox
splot "uh.gdat" notitle with lines palette
```

2.3.7 Exercices

EXERCICE 12. (*Problème de Poisson par Fourier en dimension trois*)
On s'intéresse à la discrétisation par différences finies du problème aux limites
de Poisson en dimension $d = 3$ dans le domaine $\Omega =]0, 1[^3$:

$$
\begin{aligned}
-\Delta u &= f \ \text{ dans } \ \Omega \\
u &= 0 \ \text{ sur } \ \partial\Omega
\end{aligned}
$$

1) Écrire le schéma général de différences finies d'indices (i, j, k) avec un pas
$h = 1/m$ constant en dimension trois, ainsi que les conditions aux limites sur
les six bords du domaine.

2) En éliminant les inconnues sur le bord, qui sont fixées, quelle est la taille du
système réduit ?

3) Écrire le système ainsi réduit à l'aide de blocs matriciels de taille $m - 1$ sur
l'indice i : le schéma obtenu n'utilisera que les indices j et k.

2) Effectuer un changement de base, comme pour le cas de la dimension deux.
Obtenir $m - 1$ systèmes linéaires découplés de matrices A_k, $1 \leqslant k \leqslant m - 1$, où
la matrice A_k est de taille $(m - 1)^2 \times (m - 1)^2$. Quelle est la structure de la
matrice A_k ? Est-elle symétrique ? Est-elle une matrice de Topeplitz ?

3) Proposer une factorisation LDL^T pour A_k et calculer le temps de calcul
global de la méthode obtenue.

4) Calculer les valeurs propres de A_k. Effectuer un second changement de base
et découpler une seconde fois le système linéaire. En déduire une nouvelle façon
de résoudre ce système linéaire et déterminer le temps de calcul global de la
méthode obtenue.

2.3.8 Notes

L'application de la transformée de Fourier à la résolution rapide du problème de
Poisson en dimension deux est présenté dans l'ouvrage de Golub et Meurant [27]
(voir également [38]). Les auteurs proposent également une seconde méthode
rapide pour résoudre ce même problème : la méthode de réduction cyclique.

La librairie `fishpack` [57] propose un ensemble de fonctions écrites en Fortran
pour résoudre le problème de Poisson en dimensions deux ou trois et étend la
méthode au système de coordonnées polaires et au cas de conditions aux bords
variées.

On trouvera dans [5] un préconditionneur, construit à partir des propriétés des
matrices de Toeplitz, et qui permet aux méthodes itératives de rivaliser avec les
méthodes directes tout en ayant des propriétés algorithmiques plus favorables
pour le calcul parallèle.

Chapitre 3

Matrices creuses et méthode des éléments finis

L'objectif de ce troisième chapitre est d'introduire aux algorithmes opérant sur des matrices creuses et d'en présenter des applications à la méthode des éléments finis pour résoudre des équations aux dérivées partielles. La première section présente l'algorithme du gradient conjugué pour résoudre les systèmes linéaires. La seconde section introduit la structure de donnée utilisée pour les matrices creuses ainsi que les principaux algorithmes comme le produit matrice-vecteur. La troisième section permet de définir les maillages éléments finis qui sont utilisés dans la quatrième section pour résoudre des problèmes pratiques.

3.1 Algorithme du gradient conjugué

3.1.1 Présentation pratique de l'algorithme

L'algorithme du gradient conjugué est une méthode efficace pour résoudre les systèmes linéaires d'équations de la forme $Ax = b$, dont la matrice A est symétrique définie positive. Cette méthode procède de façon itérative en construisant une suite $\left(x^{(i)}\right)_{i \geqslant 0}$ qui converge vers la solution. L'idée est de minimiser la fonction quadratique $J(x) = (Ax)^T x - b^T x$. Observons que le minimum de la fonction J satisfait l'équation à résoudre et que J est convexe : son minimum est unique et est donc bien la solution recherchée. La minimisation est effectuée par une méthode de descente à pas variable α_i :

$$x^{(i)} = x^{(i-1)} + \alpha_i\, p^{(i)}$$

Les directions successives de descente $p^{(i)}$ sont choisies orthogonales entre elles dans un certain sens que nous allons préciser : nous disons pour cela que les directions sont *conjugués*. Bien que le nombre d'itérations peut être parfois grand, seulement un petit nombre de vecteurs sont simultanément nécessaires en mémoire, aussi le coût en place mémoire est faible pour cet algorithme. À chaque itération, nous recalculons le résidu $r^{(i)} = Ax^{(i)} - b$ de l'équation à résoudre. Par récurrence, il peut être remis à jour par la relation :

$$r^{(i)} = r^{(i-1)} - \alpha_i\, q^{(i)},$$

où $q^{(i)} = Ap^{(i)}$. Parmi tous les choix possibles pour le pas de descente α_i, le choix $\alpha_i = r^{(i)T} r^{(i)} / p^{(i)T} q^{(i)}$ minimise la quantité $r^{(i)T} A^{-1} r^{(i)}$. La direction de descente est calculée également par récurrence :

$$p^{(i+1)} = r^{(i)} + \beta_i\, p^{(i)}.$$

Le choix $\beta_i = r^{(i)T} r^{(i)} / r^{(i-1)T} r^{(i-1)}$ garantit que $p^{(i)}$ et $Ap^{(i-1)}$ sont orthogonaux. Avec ce choix, les résidus successifs $r^{(i)}$ et $r^{(i-1)}$ sont également orthogonaux. On peut montrer également qu'avec ce choix de β_i, la direction de descente $p^{(i)}$ et le résidu $r^{(i)}$ sont orthogonaux à tous les $Ap^{(j)}$ et $r^{(j)}$ précédents, $j < i$. Le pseudo-code pour cet algorithme ainsi que son implémentation en C++ sont donnés ci-dessous.

cg.h

algorithme cg
  entrée A, $x^{(0)}$, b, M
  sortie $(x^{(i)})_{i \geqslant 1}$
début
  $r^{(0)} := b - Ax^{(0)}$
  $z^{(0)} := M^{-1}r^{(0)}$
  $p^{(1)} := z^{(0)}$
  $\rho_0 := (r^{(0)}, z^{(0)})$

  pour $i := 1,2,\ldots$
    $q^{(i)} := Ap^{(i)}$
    $\alpha_i := \rho_{i-1}/(p^{(i)}, q^{(i)})$
    $x^{(i)} := x^{(i-1)} + \alpha_i p^{(i)}$
    $r^{(i)} := r^{(i-1)} - \alpha_i q^{(i)}$

    si $\|r^{(i)}\| < \epsilon$ alors arrêt
    $z^{(i)} := M^{-1}r^{(i)}$
    $\rho_i := (r^{(i)}, z^{(i)})$
    $\beta_i := \rho_i/\rho_{i-1}$
    $p^{(i+1)} := z^{(i)} + \beta_i p^{(i)}$
  fin
fin

```cpp
#include<iostream>
template<typename Mat, typename Vec,
  typename Precond, typename Real>
int cg(const Mat &A, Vec &x,
  const Vec &b, const Precond &M,
  int maxiter, Real tol)
{
  using namespace std;
  Real nb = norm(b);
  if (nb == 0) { x = 0; return 0; }
  Vec r = b - A*x;
  Vec z = M.solve(r);
  Vec p = z;
  Real rho = dot(r, z);
  Real rho_prev = rho;
  clog<<"pcg: 0 "<<norm(r)/nb<<endl;
  for (int i=1; i < maxiter; i++) {
    Vec q = A*p;
    Real alpha = rho/dot(p, q);
    x += alpha*p;
    r -= alpha*q;
    Real nr = norm(r)/nb;
    clog<<"pcg: "<<i<<" "<<nr<<endl;
    if (nr <= tol) return 0;
    z = M.solve(r);
    rho = dot(r, z);
    Real beta = rho/rho_prev;
    rho_prev = rho;
    p = z + beta*p;
  }
  return 1;
}
```

Observons tout d'abord l'efficacité de l'implémentation, qui permet une très grande lisibilité, et évite ainsi de faire des erreurs. De plus, le langage C++ permet la généricité. Ainsi, en programmant la résolution de $Ax = b$ par l'algorithme du gradient conjugué, nous pouvons disposer d'une seule version du code pour tous les types de matrices que nous considérons dans cet ouvrage. La généricité nécessite que les types Mat, Vec et Real présentent une interface minimale. En particulier, la classe Vec doit fournir les fonctionnalités suivantes :

$$\begin{aligned}
\text{Vec} \quad &\leftarrow \quad \text{Real} * \text{Vec} \\
\text{Vec} \quad &\leftarrow \quad \text{Vec} \pm \text{Vec} \\
\text{Real} \quad &\leftarrow \quad \textbf{norm}\,(\text{Vec}) \\
\text{Real} \quad &\leftarrow \quad \textbf{dot}\,(\text{Vec}, \text{Vec})
\end{aligned}$$

Pour la classe Mat, il est seulement requis un produit matrice-vecteur :

$$\text{Vec} \quad \leftarrow \quad \text{Mat} * \text{Vec}$$

Cet algorithme est utilisable pour des matrices denses : de nombreuses librairies C++ proposent une implémentation de telles matrices, telles tnt [40],blitz++ [59],eigen [29],flens [36],armadillo [48]ou boost/ublas [61].La classe dmatrix, proposée dans l'exercice 8, peut également être utilisée. Nous pouvons également utiliser des *matrices creuses*, comme la classe tridiag, vue à la section précédente, ou la classe matrix proposée dans la section suivante, et où, pour Vec, nous utilisons la classe valarray. Citons également la possibilité d'une implémentation dite *sans matrice* de la résolution des systèmes linéaires : dans ce cas, une classe spécifique renvoie l'effet du produit matrice-vecteur sans que les coefficients de la matrice aient besoin d'être stockés en mémoire : la matrice ayant une structure simple, les coefficients sont simples à re-calculer pour chaque application du produit matrice-vecteur. Dans tous ces cas, il n'est nullement nécessaire de re-programmer les algorithmes de résolution : nous pouvons utiliser un seul et même code pour l'algorithme du gradient conjugué.

Afin que la résolution du système ainsi transformé converge plus rapidement, on remplace la résolution de $Ax = b$ par celle de $M^{-1}Ax = M^{-1}b$, où M est une matrice inversible et a priori assez facile à inverser, appelée *préconditionneur*. La classe Precond devra satisfaire avec la classe Vec une opération :

$$\text{Vec} \quad \leftarrow \quad \text{Precond.solve}\,(\text{Vec})$$

Le plus simple des préconditionneurs est la matrice identité qui s'implémente suivant :

eye.h

```
class eye {
  public:
    template <typename Vec>
    const Vec& solve (const Vec& x) const { return x; }
    template <typename Vec>
    const Vec& operator* (const Vec& x) const { return x; }
};
```

Un appel au gradient conjugué sans préconditionnement aura la forme :

```
cg (A, x, b, eye(), maxiter, tol);
```

Il est bien sûr possible de construire des préconditionneurs plus élaborés : les notes en fin de section présentent des lectures sur ce sujet.

3.1.2   Propriétés de convergence

L'algorithme du gradient conjugué construit le i-ème itéré dans l'espace vect $\left(r^{(0)}, \ldots, A^{(i-1)}r^{(0)}\right)$ de sorte que $\left(x^{(i)} - x\right)^{T} A \left(x^{(i)} - x\right)$ soit minimum, avec x solution de $Ax = b$. Une condition suffisante pour que ce minimum existe est que A soit symétrique définie positive. La version préconditionnée de l'algorithme fonctionne sur le même principe, en remplaçant A par $M^{-1}A$ et le second membre b par $M^{-1}b$. Ceci nécessite que le préconditionneur M soit également symétrique défini positif. Remarquons que dans ce cas, la minimisation de l'erreur $x^{(i)} - x$ équivaut à ce que les résidus successifs $r^{(i)} = Ax^{(i)} - b$ soient orthogonaux entre eux pour la métrique M^{-1}, ce qui s'écrit $r^{(i)^T}M^{-1}r^{(j)} = 0$ pour $j \neq i$.

Soit n la taille de la matrice carrée A. Supposons que les résidus successifs des n premières itérations soient non-nuls : sinon, la solution serait déjà atteinte. Alors, à la n-ième itération, l'espace engendré par les résidus, tous non-nuls et othogonaux entre eux, est l'espace $\mathbb{R}^n$ tout entier, et ainsi $x^{(n)} = x$. Autrement dit, l'algorithme du gradient conjugué converge au plus en n itérations : l'algorithme peut-être vu comme une méthode directe de résolution.

Pour une matrice dense $n \times n$, le coût en temps de calcul d'une itération se réduit à celui d'un produit matrice-vecteur, soit $\Theta(n^2)$. Par conséquent, nous obtenons une première borne supérieure pour la résolution du système linéaire : $T_{\mathrm{cg}}(n) = \mathcal{O}(n^3)$. Ainsi, l'algorithme du gradient conjugué, en tant que méthode directe de résolution, n'est pas plus performant que la méthode directe de pivotage de Gauss ou de factorisation de Cholesky.

L'intérêt de cet algorithme apparaît lorsqu'il est considéré en tant que méthode itérative : dans la pratique, la taille des matrices peut devenir très grande, de l'ordre de plusieurs millions, et nous souhaitons interrompre les itérations bien avant. Axelsson et Barker [3, p. 14] donnent une majoration de l'erreur commise : à la i-ième itération, nous disposons d'une solution approchée $x^{(i)} \neq x$ qui vérifie :

$$\|x^{(i)} - x\|_{M^{-1}A} \leqslant 2 \left(\frac{\sqrt{\mathrm{cond}(M^{-1}A)} - 1}{\sqrt{\mathrm{cond}(M^{-1}A)} + 1} \right)^i \|x^{(0)} - x\|_{M^{-1}A} \qquad (3.1)$$

où $\|y\|_{M^{-1}A} = (y^T M^{-1}Ay)^{1/2}$ et $\mathrm{cond}(M^{-1}A) = \lambda_{\max}(M^{-1}A)/\lambda_{\min}(M^{-1}A)$ est le conditionnement de $M^{-1}A$, c'est-à-dire le rapport de sa plus grande valeur propre sur sa plus petite. L'algorithme converge d'autant plus vite que le conditionnement est proche de l'unité. Par conséquent, un bon préconditionnement sera tel que les valeurs propres de M soient proches de celles de A. La relation précédente est seulement d'une majoration : dans la pratique, l'erreur est souvent bien meilleure que cela et une prédiction précise de la convergence du gradient conjugué reste difficile.

De (3.1), nous obtenons l'expression du nombre d'itérations n_{iter} qui garantit une erreur relative plus petite que $\varepsilon > 0$:

$$n_{\mathrm{iter}} = \left\lceil \frac{\log\left(\dfrac{2}{\varepsilon}\right)}{\log\left(\dfrac{\sqrt{\mathrm{cond}(M^{-1}A)} + 1}{\sqrt{\mathrm{cond}(M^{-1}A)} - 1}\right)} + 1 \right\rceil.$$

Par ailleurs, le coût en temps de calcul d'une itération du gradient conjugué est dominé par le coût du produit matrice-vecteur, noté $T_{A*x}(n)$ et, éventuellement, celui du préconditionneur, noté $T_{M^{-1}}(n)$. En effet, les autres opérations sont des combinaisons linéaires de vecteurs et des calculs de produits scalaires, toutes ces opérations étant effectués avec un coût optimal $\Theta(n)$. Ainsi, le coût de l'algorithme pour une erreur relative plus petite que ε s'écrit :

$$T_{\text{cg}}(n) = n_{\text{iter}} \times (T_{A*x}(n) + T_{M^{-1}}(n)).$$

Il est possible de diminuer le coût du produit matrice-vecteur lorsque la matrice A contient un grand nombre de coefficients $a_{i,j}$ nuls : on prendra alors soin de n'effectuer que les produits avec les coefficients non-nuls. Nous étudierons une structure de donnée et des algorithmes adéquats dans la section 3.2. Cette situation est très courante lorsque la matrice est issue de la discrétisation d'équations différentielles ou aux dérivées partielles par des méthodes de différences finies ou d'éléments finis.

Une autre façon de faire diminuer le coût de l'algorithme est d'élaborer un préconditionneur : cette approche est plus difficile car si n_{iter} diminue, il faut prendre garde à ce que $T_{M^{-1}}(n)$ n'augmente pas trop en contrepartie. Les notes en fin de section présentent des lectures sur ce sujet.

3.1.3   Exercices

EXERCICE 13. (*Majoration du nombre d'itérations*)
Le but de cet exercice est d'obtenir une majoration plus simple du nombre d'itérations n_{iter} de l'algorithme, asymptotiquement lorsque le conditionnement de la matrice est grand.

Définissions $f(x) = (x-1)/(x+1)$ et $g(x) = \exp(-2/x)$ pour tout $x > 1$.

1) Montrer que $f(x) \leqslant g(x)$ pour tout $x > 1$. Indication : on pourra étudier un développement limité en $1/x$ au voisinage de zéro.

2) De l'estimation d'erreur (3.1) et du résultat de la question précédente, en déduire la majoration d'erreur suivante :

$$\|x^{(i)} - x\|_{M^{-1}A} \leqslant 2 \exp\left(\frac{-2i}{\sqrt{\text{cond}(M^{-1}A)}}\right) \|x^{(0)} - x\|_{M^{-1}A}$$

3) De la question précédente, en déduire l'estimation plus simple suivante du nombre d'itération de l'algorithme du gradient conjugué :

$$n_{\text{iter}} = \left\lfloor \frac{\sqrt{\text{cond}(M^{-1}A)}}{2} \log\left(\frac{2}{\varepsilon}\right) + 1 \right\rfloor \tag{3.2}$$

EXERCICE 14. (*Problème de Poisson multi-dimensionnel*)
On s'intéresse au conditionnement d'une matrice A issue d'une discrétisation

par différences finies du problème aux limites dit de Poisson en dimension d dans le domaine $\Omega =\,]0, 1[^{d}$:

$$-\Delta u = f \text{ dans } \Omega$$
$$u = 0 \text{ sur } \partial\Omega$$

Dans la pratique $d = 1, 2$ ou 3 est la dimension spatiale.

1) On discrétise le domaine Ω en $m + 1$ points dans chaque direction spatiale, si bien que $h = 1/m$. Rappeler le schéma de différences finies pour le problème précédent en dimension $d = 1, 2$ et 3.

2) On élimine du système linéaire les valeurs aux bords, qui sont fixées. Calculer le nombre d'inconnues n du problème ainsi réduit en fonction de m et d.

3) Montrer que le nombre d'éléments non-nuls par ligne de la matrice A du système est majoré par une constante qui ne dépend que de d, et pas de n, et que on explicitera. En déduire le coût asymptotique d'un produit matrice-vecteur lorsque n devient grand, en supposant que seuls les coefficients non-nuls de A interviennent.

4) Nous admettrons ici que $\text{cond}(A) = \mathcal{O}(h^{-2})$ lorsque $h \to 0$, où h est le pas de discrétisation spatial (voir [3, p. 238]). Exprimer h en fonction de n et d. En déduire une expression asymptotique du conditionnement de A qui ne dépend que de n et d.

5) Montrer l'estimation asymptotique suivante du nombre d'itérations n_{iter} nécessaire pour garantir une erreur relative plus petite que $\varepsilon > 0$ par l'algorithme du gradient conjugué (sans préconditionnement) :

$$n_{\text{iter}} = \mathcal{O}\left(n^{1/d} \log\left(\varepsilon^{-1}\right)\right) \tag{3.3}$$

où d est la dimension spatiale. Pour cela, on utilisera le résultat (3.2) de l'exercice 13.

6) En déduire une majoration du coût asymptotique de l'algorithme du gradient conjugué pour cette matrice, en fonction de n, d et ε.

7) Supposons que nous disposions d'un préconditionnement M pour A tel que $\text{cond}(M^{-1}A) = \sqrt{\text{cond}(A)}$. Les notes en fin de section donnent des références sur des préconditionneurs vérifiant cette propriété. Calculer alors une majoration asymptotique de n_{iter} dans ce cas. En supposant que le coût asymptotique de ce préconditionneur soit au plus de l'ordre d'un produit matrice-vecteur pour A, en déduire le coût de l'algorithme du gradient conjugué avec ce préconditionnement.

8) Comparer le coût de la résolution par cette méthode avec celles vues au chapitre 1 : la méthode directe pour $d = 1$ ou par la méthode utilisant la transformation de Fourier, pour $d = 2$. Donner, pour chaque cas $d = 1$, 2 et 3, la méthode la plus performante pour résoudre le problème issu de la discrétisation en différences finies avec une grille uniforme.

3.1.4   Notes

L'ouvrage de Golub et van Loan [26] est une excellente référence pour les algorithmes itératifs tandis que celui d'Axelsson et Barker [3] affine certains résultats théoriques en vue de les appliquer à la méthode des éléments finis. Une synthèse pragmatique de ces résultats est présentée dans [4]. En s'appuyant sur cette synthèse, Dongarra *et al.* ont introduit en 1994 l'idée d'une librairie générique en C++ d'algorithmes pour la résolution de systèmes linéaires par des méthodes itératives : la librairie `iml++` [18]. Cette librairie permet d'étendre le domaine d'application des méthodes itératives de résolution du type gradient conjugué aux matrices non symétriques :
– `bicgstab` : gradient bi-conjugué stabilisé
– `gmres` : résidu minimal généralisé
– `qmr` : résidu quasi-minimal
Pour les matrices symétriques mais non définies, c'est-à-dire ayant des valeurs propres qui s'annulent ou changent de signe, on a recours à l'algorithme du gradient minimal `minres`, qui minimise la fonction quadratique $J(x) = \|Ax - b\|^2$. Enfin, la librairie `rheolef` [49], plus récente, propose également une implémentation générique en C++ de cette collection d'algorithmes itératifs.

Benzi présente un panorama des préconditionneurs les plus classiques [6]. Axelsson et Barker [3, p. 14] donnent également des estimations asymptotiques du nombre d'itérations pour des problèmes de type éléments finis et pour certains préconditionneurs classiques. La factorisation incomplète de Cholesky est une méthode de préconditionnement très utilisée, notamment sa variante avec compensation de la diagonale, généralement désignée par le sigle `mic0`, et qui permet de garantir que $\mathrm{cond}(M^{-1}A) = \mathcal{O}(h^{-1})$ pour les matrices issues de la méthode des éléments finis. Un excellent ouvrage d'introduction au préconditionnement est celui de Saad [46], avec un intérêt pour le cas des matrices non symétriques. La librairie `sparskit` [45], écrite en Fortran par Saad, propose de nombreux préconditionneurs. Plus récente et écrite en C++, la librairie `ifpack` [47] de l'environnement `trilinos` présente également une grande variété de préconditionneurs.

3.2   Matrices creuses

3.2.1   La structure de données

Pour aborder des système matrice-vecteurs généraux, nous sommes conduit à représenter les matrices en mémoire. Un cas particulier important est celui les matrices *creuses* $n \times m$, pour lesquelles le nombre d'éléments non-nuls

$$\mathrm{nnz}(A) = \mathrm{card}\{(i,j) \in [1,n] \times [1,m]; \ A_{i,j} \neq 0\}$$

est petit devant le nombre total $n \times m$ d'éléments de A. Ainsi, la matrice $n \times n$ du paragraphe précédent contient seulement $3n - 2$ éléments non-nuls. Elle est donc très creuse. Si on ne conserve que les éléments non-nuls en mémoire, le gain est important lorsque n devient grand : penser à $n = 10^6$!

Considérons l'exemple suivant :

$$
A = \begin{pmatrix}
1 & & 2 & 3 & \\
& 4 & & & 5 \\
6 & & 7 & 8 & \\
9 & & & 10 & \\
& & 11 & & 12
\end{pmatrix}.
$$

Nous allons conserver les valeurs des coefficients non-nuls dans un tableau `val` de taille `nnz`. Les valeurs y sont ordonnées par indices de ligne puis de colonne croissants. Pour chaque coefficient non-nul, nous rangerons l'indice de colonne correspondant dans un tableau `idx` également de taille `nnz`. Enfin, `start[i]` sera l'indice de début de la i-ème ligne dans les tableaux précédents, $0 \leqslant i \leqslant n - 1$. Nous conviendrons de plus que `start[n]` = `nnz`, si bien que `start` est un tableau de taille $n + 1$. Pour la matrice précédente, nous avons

val	1	2	3	4	5	6	7	8	9	10	11	12

idx	0	2	3	1	4	0	2	3	0	3	2	4

start	0	3	5	8	10	12

Par conséquent, le nombre de coefficients non-nuls dans la ligne i est `start[i + 1]` - `start[i]`. Ce mode de compression par ligne est classiquement désigné par le signe `csr` pour *compressed sparse row*. Remarquez qu'une compression par colonne équivaudrait à représenter A^T sous forme `csr`. Ce mode de compression n'est pas le seul possible : la compression `coo`, pour *coordinate*, liste les triplets $(i, j, a_{i,j})$ non-nuls et est également largement utilisé, notamment pour des entrées-sorties. L'ordonnancement par lignes de la compression `csr` a l'avantage de faciliter certains algorithmes où le balayage par ligne est important, comme le produit matrice-vecteur. La représentation par une classe C++ est donnée par matrix.h

```
#include <valarray>
#include <iostream>
#include <list>
#include <vector>
template <typename T>
class matrix {
 public:
  matrix ();
  matrix (const matrix<T>&);
  matrix<T>& operator= (const matrix<T>&);
  void resize (const std::vector<std::list<size_t> >& s,
               size_t lncol);
  size_t nrow () const;
  size_t ncol () const;
  size_t nnz  () const;
  void resize (size_t nrow, size_t ncol, size_t nnz);
  std::valarray<T> operator* (const std::valarray<T>&) const;
  const T& operator() (size_t i, size_t j) const;
  T& entry (size_t i, size_t j);
  template <typename U> friend
  std::istream& operator>> (std::istream&, matrix<U>&);
  template <typename U> friend
  std::ostream& operator<< (std::ostream&, const matrix<U>&);
 protected:
  std::valarray<size_t> ptr;
  std::valarray<size_t> idx;
  std::valarray<T>      val;
  size_t                idxmax;
};
```

Le constructeur par défaut et l'afecctation s'écrivent simplement :

matrix.h (suite)

```
template<typename T>
matrix<T>::matrix () : ptr(0), idx(0), val(0), idxmax(0) {}
template<typename T>
matrix<T>::matrix (const matrix<T>& a)
  : ptr(a.ptr), idx(a.idx), val(a.val), idxmax(a.idxmax) {}
template<typename T>
matrix<T>& matrix<T>::operator= (const matrix& a) {
  resize (a.nrow(), a.ncol(), a.nnz());
  ptr = a.ptr;
  idx = a.idx;
  val = a.val;
  idxmax = a.idxmax;
  return *this;
}
```

Ensuite, viennent le redimensionnement et les accesseurs :

matrix.h (suite)

```
template<typename T>
void matrix<T>::resize (size_t nr, size_t nc, size_t nnz) {
  ptr.resize (nr+1);
  idx.resize (nnz);
  val.resize (nnz);
  idxmax = nc;
}
template<typename T>
size_t matrix<T>::nrow () const { return ptr.size() - 1; }
template<typename T>
size_t matrix<T>::ncol () const { return idxmax; }
template<typename T>
size_t matrix<T>::nnz () const { return idx.size(); }
```

L'écriture en sortie d'une matrice creuse s'écrit également simplement :

matrix.h (suite)

```
template<typename T>
std::ostream&
operator<< (std::ostream& s, const matrix<T>& a) {
 using std::endl;
 s << "%%MatrixMarket matrix coordinate real general" << endl
   << a.nrow() << " " << a.ncol() << " " << a.nnz() << endl;
 for (size_t i = 0; i < a.nrow(); ++i)
   for (size_t p = a.ptr[i]; p < a.ptr[i+1]; ++p)
    s << i+1 << " " << a.idx[p]+1 << " " << a.val[p] << endl;
 return s;
}
```

La lecture depuis un fichier s'implémente

matrix.h (suite)

```
#include<cassert>
template<typename T>
std::istream& operator>> (std::istream& is, matrix<T>& a) {
  is >> std::ws;
  char c = is.peek();
  if (c == '%') while (is.good() && (c != '\n')) is.get(c);
  size_t nrow, ncol, nnz;
  is >> nrow >> ncol >> nnz;
  a.resize (nrow, ncol, nnz);
  a.ptr = 0;
  for (size_t i_prec = 0, p = 0; p < nnz; ++p) {
    size_t i;
    is >> i >> a.idx [p] >> a.val [p];
    i--;
    a.idx [p]--;
    assert (a.idx[p] < ncol);
    if (p == 0 || i != i_prec) {
      assert (p == 0 || i_prec < i);
      i_prec = i;
    }
    a.ptr [i+1]++;
  }
  for (size_t i = 0; i < nrow; i++)
    a.ptr [i+1] += a.ptr [i];
  return is;
}
```

Remarquons les tests en lecture, afin de vérifier que l'entrée est bien correcte et que les indices de ligne se suivent par ordre croissant. Le format de fichier utilisé s'appelle le format **matrix market** : il s'agit du standard d'échange dans ce domaine, et un site internet [9] lui est dédié : il propose un grand nombre de telles matrices dans ce format et en présente diverses représentations graphiques.

Le programme suivant permet de tester les entrées-sorties sur fichier :

matrix_tst.cc

```
#include "matrix.h"
using namespace std;
int main() {
  matrix<double> a;
  cin >> a;
  cout << a;
}
```

L'entrée associée à la matrice creuse de l'exemple précédent est a.mtx

```
%%MatrixMarket matrix coordinate real general
5 5 12
1 1 1
1 3 2
1 4 3
2 2 4
2 5 5
3 1 6
3 3 7
3 4 8
4 1 9
4 4 10
5 3 11
5 5 12
```

La compilation et le test sont réalisés par :

```
make matrix_tst
./matrix_tst < a.mtx
```

Le programme écrit la matrice qu'il vient de lire : ceci ne nous apporte pas grand chose, sinon que notre code est correct.

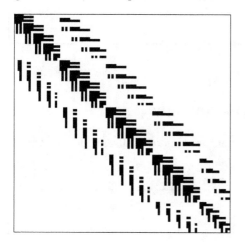 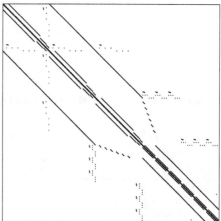

FIGURE 3.1 – Visualisation de matrices creuses de la collection [9] : à gauche e05r0500, issue d'un problème de mécanique des fluides; à droite pores_2, issue d'un problème de simulation de réservoirs.

Passons à quelque chose de plus intéressant à présent. Le code de visualisation mtx2plot.cc présenté en annexe A.1.2, dont la compilation et l'exécution s'écrivent :

```
make mtx2plot
```

```
./mtx2plot < a.mtx > a.plot
gnuplot a.plot
```

Des matrices issues de la collection [9] sont représentées sur la Fig. 3.1. Nous pouvons observer clairement les motifs de la structure creuse : les zones noires représentent les coefficients non-nuls et les zones blanches, ceux qui sont nuls. Nous aurons l'occasion de construire nos propres matrices creuses et de les visualiser.

3.2.2   Le produit matrice-vecteur

Le produit matrice-vecteur cumule sur chaque ligne les produits non-nuls et les range dans le vecteur résultat :

matrix.h (suite)

```
template <typename T>
std::valarray<T>
matrix<T>::operator* (const std::valarray<T>& x) const {
  std::valarray<T> y (T(0), nrow());
  for (size_t i = 0; i < nrow(); i++)
    for (size_t p = ptr [i]; p < ptr [i+1]; p++)
      y [i] += val [p]*x [idx [p]];
  return y;
}
```

3.2.3   Application au gradient conjugué

Voici un programme de test du gradient conjugué utilisant des matrices creuses.

matrix_cg_tst.cc

```
#include "matrix.h"
#include "valarray_util.h"
#include "cg.h"
#include "eye.h"
using namespace std;
int main () {
  matrix<double> a;
  cin >> a;
  valarray<double> x(1.0, a.nrow());
  valarray<double> b = a*x;
  valarray<double> xi(0.0, a.nrow());
  cg (a, xi, b, eye(), 10000, 1e-14);
  return (norm(xi-x) < 1e-7) ? 0 : 1;
}
```

La matrice symétrique suivante nous servira de test :

as.mtx

```
%%MatrixMarket matrix coordinate real general
4 4 9
1 1 1
1 2 2
2 1 2
2 3 3
3 2 3
3 3 4
3 4 5
4 3 5
4 4 6
```

La compilation et le test sont réalisés par :

```
make matrix_cg_tst
./matrix_cg_tst < as.mtx
```

3.2.4 Accès aux coefficients

Nous allons écrire une fonction d'accès en lecture à un coefficient a_{ij} qui renvoie la valeur ou bien zéro si ce coefficient n'est pas représenté dans la structure creuse.

matrix.h (suite)

```
template<typename T>
const T& matrix<T>::operator() (size_t i, size_t j) const {
  for (size_t p = ptr[i]; p != ptr[i+1]; ++p)
    if (idx[p] == j) return val[p];
  return T(0);
}
```

Une variante est un accès en lecture-écriture : cette fonction nous sera très utile pour assembler les matrices creuses dans la méthode des éléments finis. Dans ce cas, le coefficient doit être déjà représenté par une entrée (i, j) dans la structure creuse, et nous renvoyons une référence sur la valeur.

matrix.h (suite)

```
template<typename T>
T& matrix<T>::entry (size_t i, size_t j) {
  for (size_t p = ptr[i]; p != ptr[i+1]; ++p)
    if (idx[p] == j) return val[p];
  static T zero = 0;
  assert(0); return zero;
}
```

Remarquons l'appel à assert(0) qui interrompt le programme : la valeur de retour n'est jamais utilisée, mais est rendue nécéssaire par la signature de la méthode C++.

3.2.5   Exercices

EXERCICE 15. (*Intégrité d'une matrice creuse*)
Écrire la fonction membre `check()` qui vérifie l'intégrité des données d'une matrice creuse `a`.

EXERCICE 16. (*Information sur une matrice*)
1) Écrire la fonction membre `frobenius_norm()` prennant en entrée une matrice creuse $n \times m$ de type `matrix` et qui renvoie la norme de Frobenius d'une matrice creuse

$$\|a\|_F = \left(\sum_{i=0}^{n-1} \sum_{j=0}^{m-1} |a_{i,j}|^2 \right)^{1/2}.$$

2) Écrire la fonction membre `average_dist_diag()` qui renvoie la moyenne de la distance des éléments à la diagonale.

3) Une matrice est dite à *diagonale dominante* si

$$|a_i i| \geqslant \sum_{j \neq i} |a_i, j|$$

et à *diagonale strictement dominante* si l'inégalité précédente est stricte. Écrire la fonction membre `diagonal_dominant()` qui renvoie $\max_i |a_i i| - \sum_{j \neq i} |a_i, j|$. La propriété sera déduite du signe de la quantité renvoyée.

EXERCICE 17. (*Multiplications par une matrice diagonale*)
1) Écrire une procédure de multiplication à gauche d'une matrice creuse par une matrice diagonale. Pour cela on implémentera l'opération dite *sur place*, qui place le résultat directement dans A, c'est-à-dire $A \leftarrow DA$, sous la forme

```
matrix<T>&
matrix<T>::inplace_left_mult (const valarray<T>& D);
```

où la matrice diagonale D est représentée par un tableau `valarray<T>` et qui renvoie le résultat A de la même façon que l'opérateur d'affectation `operator=` de la classe.

2) De même, écrire la fonction $A D$ de multiplication *sur place* à droite d'une matrice creuse A par une matrice diagonale D sous la forme

```
matrix<T>& matrix<T>::operator*= (const valarray<T>& D);
```

c'est-à-dire $A \leftarrow AD$.

3) Écrire un code qui, à partir des fonctions précédentes, calcule $B = A D$ puis $C = D A$ sans modifier A. Indication : penser à l'opérateur de copie ou d'affectation des matrices creuses.

EXERCICE 18. (*Extraction de la diagonale*)
Écrire la fonction `diag`(A) qui renvoie la diagonale de A sous la forme d'un

tableau `valarray`. Lorsque la matrice A est rectangulaire, le tableau sera de taille min(`nrow`, `ncol`).

EXERCICE 19. (*Ajout d'une matrice diagonale*)
Écrire la fonction d'addition *sur place* d'une matrice diagonale $A \leftarrow A + D$ sous la forme :

```
matrix<T>& matrix<T>::operator+= (const valarray<T>& D);
```

On suppose que la structure creuse de A représente déjà les coefficients diagonaux : si un de ceux-ci n'est pas représenté, la fonction émet une erreur.

EXERCICE 20. (*Produit transposé*)
Écrire la fonction membre `trans_mult(x)` qui renvoie le produit $y = A^T x$.

EXERCICE 21. (*Extraction d'une partie triangulaire*)
Soit A une matrice creuse. Calculer tril(A) et triu(A), les fonctions d'extractions des parties triangulaires inférieure et supérieure strictes, c'est-à-dire sans la diagonale. Indication : l'extraction s'effectuera en deux passages sur la structure creuse de A : lors du premier passage, on effectuera un comptage des éléments non-nuls de la partie triangulaire. Ensuite, après avoir dimensionné les tableaux, on effectuera, lors du second passage, la copie des coefficients concernés.

EXERCICE 22. (*Vecteurs creux*)
De façon analogue aux matrices creuses, nous pouvons définir des *vecteurs creux*. Ils représentent en quelque sorte la ligne ou la colonne d'une matrice creuse : seuls les éléments non-nuls seront représentés. Ce type de vecteur est particulièrement utile lorsque nous travaillons dans un espace de dimension n de grande taille (un million par exemple) et que seul un petit nombre, noté nnz(x) (nnz(x) = 5 ou 10 par exemple) des éléments du vecteur x sont non-nuls.

$$nnz(x) = \text{card } \{i \in \{0, \ldots, n-1\};\ x_i \neq 0\}$$

Ce type de situation arrive fréquemment en calcul scientifique : météo, mécanique des fluides, etc. Dans ce cas, nous souhaitons que les calculs de $z = x+y$ ou $z = \lambda x$ prennent de l'ordre de 5 ou 10 opérations au lieu d'un millions d'additions d'éléments presque tous nuls. Pour cela nous introduisons la classe suivante :

```
template <class T>
class spvalarray {
  public:
    spvalarray (size_t n = 0);
    // ...
  protected:
    valarray<T>      val;
    valarray<size_t> idx;
    size_t           idxmax;
};
```

Dans cette classe, `idxmax` représente l'indice maximal n, qui n'est pas déductible des autres données de la classe. À titre d'exemple, considérons pour $n = 6$ les vecteurs suivants :

$$
\begin{array}{ccccccc}
x & = & (1, & 2, & 0, & 2, & 0, & 0) \\
y & = & (0, & 3, & 5, & 7, & 11, & 0)
\end{array}
$$

1) Donner pour ces deux vecteurs la représentation creuse (`val,idx`) des valeurs non-nulles et des indices associés.

2) Écrire le constructeur dont la signature est indiqué dans la classe précédente, qui prend en argument n, l'indice maximal, et dont tous les éléments sont nuls.

3) Écrire le constructeur de copie et l'opérateur d'affectation de cette classe.

4) Écrire un constructeur pour cette classe, qui prend en argument un vecteur dense de type `valarray`, et le compresse en ne retenant que ses éléments non-nuls.

Inversement, la décompression d'un vecteur creux s'effectue via la conversion de type de `spvalarray` vers `valarray`. Elle est définie dans la classe `spvalarray` par la déclaration suivante :

```
template <class T>
class spvalarray {
  public:
    operator std::valarray<T>() const;
    //...
};
```

Écrire cet opérateur de conversion en `valarray`.

5) Définir la fonction membre `size`, qui renvoie n et la fonction `nnz` qui renvoie le nombre d'éléments non-nuls du vecteur.

6) Écrire une fonction amie `operator*` qui permet de calculer λx, où x est un vecteur creux et λ un scalaire, en exactement $nnz(x)$ multiplications.

7) On suppose à présent, et pour le reste de l'exercice, que les vecteurs creux sont *ordonnés par indices croissants*. Donner la fonction d'accès en lecture seule à un indice i, qui permet d'écrire `x[i]` et renvoie, pour un vecteur creux `x` la valeur à l'indice i ou zéro si i n'est pas représenté. Indication : exploitant le fait que les indices sont triés, on donnera un algorithme dont le temps de calcul est $\mathcal{O}(\log nnz(x))$.

8) Donner, pour les deux vecteurs x et y de la question 1, la représentation creuse (`val,idx`) du vecteur $z = x + y$. Combien vaut $nnz(z)$?

9) Écrire la fonction membre `add_nnz` qui calcule le nombre d'éléments non-nuls de la somme $x + y$ de deux vecteurs creux x et y en $\mathcal{O}(nnz(x) + nnz(y))$ opérations. Note : prendre soin de vérifier que l'algorithme proposé donne un résultat correct pour les vecteurs x et y de la question 1.

10) Écrire la fonction `operator+` d'addition de deux vecteurs creux x et y en $\mathcal{O}(\text{nnz}(x) + \text{nnz}(y))$ opérations. Note : vérifier également que le résultat est correct pour les vecteurs x et y de la question 1.

11) Proposer un format de fichier pour les vecteurs creux, en s'inspirant du format de fichier utilisé pour les matrices creuses. Écrire les fonctions d'entrée-sortie correspondantes.

EXERCICE 23. (*Somme de deux matrices creuses*)
On suppose ici que, sur chaque ligne i, les coefficients sont ordonnés par indices croissants de colonne. Calculer la somme de deux matrices creuses. Utiliser le fait que les coefficients sont triés par indices croissants de colonne pour effectuer $A + B$ en $\Theta(\text{nnz}(A) + \text{nnz}(B))$ opérations. Indication : une première boucle comptera le nombre d'éléments non-nuls de $A + B$, qui servira à dimensionner les tableaux. Une seconde boucle effectuera le calcul.

3.2.6 Notes

Willoughby a organisé en 1968, au centre de recherche d'IBM de Yorktown Heights, près de New York, la première rencontre sur le thème des matrices creuses. Cette rencontre marque l'émergence de ce sujet comme un champ de recherche cohérent. Cependant, la plupart des techniques importantes étaient déjà en place avant cette date : dès 1963, Sato et Tinney présentent un format de stockage compressé par ligne [58].

La communauté des matrices creuses a, dès le début, diffusé de très bonnes librairies. Dès 1977, à Yale, aux États-Unis, apparaît la première librairie [21], puis en 1981 `sparsepak` [12], présentée en détails dans le livre de George et Liu [24] aborde la résolution directe pour les matrices creuses. Ces librairies sont développées en Fortran. En 1994, apparait la librairie `sparskit` [45] de Saad, qui traite essentiellement des méthodes itératives et dont nous avons déjà parlé à la section précédente, à propos des préconditionneurs. Le lecteur intéressé pourra également consulter le très bon ouvrage de Saad [46] dédié aux matrices creuses et aux algorithmes itérétifs de résolution. Il existe aujourd'hui de nombreuses librairies proposant des matrices creuses : citons la librairie `petsc` [11], écrite en C, et, dernièrement, la librairie `rheolef` [49], en C++ exploite les avantages de ce langage et propose des opérations avancées sur les matrices creuses telle le produit `C=A*B` de deux matrices ou la transposition d'une matrice creuse. La plupart de ces librairies récentes intègrent la possibilité d'effectuer des calculs distribués et massivement parallèles.

La résolution directe en matrices creuses n'est pas abordée dans ce livre : ces développements, utilisant des algorithmes sophistiqués de la théorie des graphes, dépasserait le cadre de cet ouvrage. Le lecteur pourra consulter une introduction très pédagogique de Stewart [53]. La librairie `umfpack` [17], écrite en C est un des fleurons de l'approche dite *multifrontale* dans ce domaine.

Cette librairie propose les factorisations LDL^T et LU de matrices creuses. Une autre approche, dite *supernodale*, est très bien représentée dans la librairie `superlu` [37].

3.3 Maillages

3.3.1 Éléments, points et maillages

La résolution de problèmes multi-dimensionnels dans des domaines ouverts bornés généraux $\Omega \subset \mathbb{R}^d$, où $d = 1, 2$ ou 3 par la méthode des éléments finis utilise un maillage de ce domaine. Un maillage, noté $\mathcal{T}_h$ est défini comme une liste d'éléments :

$$\mathcal{T}_h = \{K_0, K_1, \ldots K_{n_e - 1}\}.$$

Le maillage est un recouvrement du domaine géométrique :

$$\bigcup_{i=0}^{n_e} K_i = \overline{\Omega}$$

où $\overline{\Omega}$ est la fermeture du domaine (i.e. en incluant le bord). L'union de ces éléments donne Ω et ces éléments ne se touchent que par les bords, ils ne se recouvrent pas entre eux

$$\text{int}(K_i) \cap \text{int}(K_j) = \emptyset, \ \forall i \neq j, \ 0 \leqslant i, j < n_e.$$

La structure de donnée représentant un maillage doit contenir cette liste d'éléments. Nous considérons le cas où éléments sont des simplexes en dimension d, avec $d = 1, 2$ ou 3. Un simplexe en dimension deux est simplement un triangle, et en dimension trois, un tétraèdre. Ceci est représenté par la classe `element` :

element.h

```
#include <array>
template<size_t D>
class element : public std::array<size_t,D+1> {};
```

Notez le paramètre `D` de la classe, qui correspond à la dimension d de l'espace physique. Cette description extrêmement concise exprime qu'un élément est un tableau de $d + 1$ indices de sommets. Ces indices de sommets font référence à une table des sommets, qui sera également dans la structure de données du maillage. La classe `std::array` définit un tableau de taille fixe, ici `D+1`. Cette classe, à la fois très simple et très utile, est définie dans le fichier d'en-tête `<array>` de la librairie standard et débute de la façon suivante :

```
template <typename T, size_t N>
class array {
  public:
    array() : x() {}
    size_t size() const { return N; }
    T& operator[] (size_t i) { return x[i]; }
    const T& operator[] const (size_t i) { return x[i]; }
    // ...
  protected:
    T x [N];
};
```

Ce fichier a été introduit dans le standard C++ lors de la révision de 2011 : il nécessite l'option c++ -std=c++-11 lorsqu'on utilise le compilateur GNU C++.

Afin de faciliter les fonctions d'entrée-sortie des maillages, nous définissions celles pour un élément :

element.h (suite)

```
#include <iostream>
template <size_t D>
std::ostream&
operator<< (std::ostream& os, const element<D>& K) {
  for (size_t i = 0; i < D+1; ++i)
    os << K[i]+1 << " ";
  return os;
}
template <size_t D>
std::istream& operator>> (std::istream& is, element<D>& K) {
  for (size_t i = 0; i < D+1; ++i) {
    is >> K[i]; K[i]--;
  }
  return is;
}
```

Un sommet de $\mathbb{R}^d$ sera décrit par la classe point :

point.h

```
#include <array>
template <typename T, size_t D>
class point : public std::array<T,D> {};
```

Notez que la classe point a deux paramètres : le type flottant T et la dimension physique de l'espace D. Cette classe exprime simplement qu'un point est le tableau de ses d coordonnées. De même que pour les éléments, nous définissons les fonctions d'entrée-sortie pour un sommet :

point.h (suite)

```
#include <iostream>
template <typename T, size_t D>
std::istream& operator>> (std::istream& is, point<T,D>& a) {
  for (size_t i = 0; i < D; i++)
    is >> a[i];
  return is;
}
template <typename T, size_t D>
std::ostream&
operator<< (std::ostream& os, const point<T,D>& a) {
  for (size_t i = 0; i < D; i++) {
    os << a[i];
    if (i != D-1) os << " ";
  }
  return os;
}
```

La structure de données du maillage est décrite par la classe `mesh` :

mesh.h

```
#include "point.h"
#include "element.h"
#include <vector>
template <typename T, size_t D>
class mesh : public std::vector<element<D> > {
  public:
    mesh ();
    mesh (const mesh<T,D>&);
    mesh<T,D>& operator= (const mesh<T,D>&);
    size_t n_vertex () const;
    size_t n_internal_vertex () const;
    bool is_boundary (size_t i) const;
    point<T,D>& vertex (size_t i);
    const point<T,D>& vertex (size_t i) const;
    template <typename U, size_t D1> friend std::istream&
      operator>> (std::istream&, mesh<U,D1>&);
    template <typename U, size_t D1> friend std::ostream&
      operator<< (std::ostream&, const mesh<U,D1>&);
  protected:
    std::vector<point<T,D> > x;
    std::vector<size_t>      b;
    size_t                   ni;
};
```

Remarquons l'utilisation de la classe vector⟨T⟩ (voir [22, p. 53] ou [55, p. 523]), de la librairie standard C++. La classe `mesh` *hérite* de la classe vector⟨element⟩ : c'est une *classe dérivée*. La fonction membre `meas(j)` renvoie l'aire du *j*-ème triangle. Cette fonction sera décrite au paragraphe suivant et utilisée à de nombreuses reprises par la suite.

Le constructeur par défaut, le constructeur de copie et l'opérateur d'affectation s'écrivent simplement :

mesh.h (suite)

```
template <typename T, size_t D>
mesh<T,D>::mesh ()
 : std::vector<element<D> >(), x(), b(), ni(0) {}

template <typename T, size_t D>
mesh<T,D>::mesh (const mesh<T,D>& m)
 : std::vector<element<D> >(m), x(m.x), b(m.b), ni(m.ni) {}

template <typename T, size_t D>
mesh<T,D>& mesh<T,D>::operator= (const mesh<T,D>& m) {
  std::vector<element<D> >::operator= (m);
  x = m.x;
  b = m.b;
  ni = m.ni;
  return *this;
}
```

Les différentes fonctions d'accès en lecture s'écrivent simplement :

mesh.h (suite)

```
template <typename T, size_t D>
size_t mesh<T,D>::n_vertex () const { return x.size(); }
template <typename T, size_t D>
size_t mesh<T,D>::n_internal_vertex () const { return ni; }
template <typename T, size_t D>
bool
mesh<T,D>::is_boundary (size_t i) const { return b[i] != 0; }
template <typename T, size_t D>
point<T,D>& mesh<T,D>::vertex (size_t i) { return x[i]; }
template <typename T, size_t D>
const point<T,D>&
mesh<T,D>::vertex (size_t i) const { return x[i]; }
```

Les entrées-sorties permettent de fixer un format de fichier :

mesh.h (suite)

```
template <typename T, size_t D>
std::ostream&
operator<< (std::ostream& os, const mesh<T,D>& m) {
  using namespace std;
  os << m.x.size() << endl;
  for (size_t i = 0, n = m.x.size(); i < n; i++)
    os << m.x[i] << " " << m.b[i] << endl;
  os << m.size() << endl;
  for (size_t e = 0; e < m.size(); e++)
    os << m[e] << " 1" << endl;
  return os;
}
```

Le format de fichier utilisé ici est très proche de celui utilisé par de nombreux générateurs de maillages, tel **bamg** [30]. Il n'existe malheureusement pas de convention de format de fichier dans ce domaine.

La fonction de lecture s'écrit

mesh.h (suite)

```
template <typename T, size_t D>
std::istream& operator>> (std::istream& is, mesh<T,D>& m) {
  size_t nx;
  is >> nx;
  m.x.resize (nx);
  m.b.resize (nx);
  m.ni = 0;
  for (size_t i = 0; i < nx; i++) {
    is >> m.x[i] >> m.b[i];
    if (m.b[i] == 0) m.ni++;
  }
  size_t ne, domain;
  is >> ne;
  m.resize (ne);
  for (size_t e = 0; e < ne; e++)
    is >> m[e] >> domain;
  return is;
}
```

Les sommets internes sont suivis de l'indicateur 0 et ceux situés sur la frontière, d'un indicateur non-nul pouvant être un numéro de domaine frontière. Les éléments sont suivis de l'indicateur de sous domaine.

3.3.2   Test des entrées-sorties

Voici à présent un petit programme de test des fonctions d'entrée et de sortie :

mesh_tst.cc

```
#include "mesh.h"
using namespace std;
int main() {
  mesh<double,2> m;
  cin >> m;
  cout << m;
}
```

square.mesh

```
4
0 0      1
1 0      1
1 1      1
0 1      1
2
1 2 3    1
1 3 4    1
```

```
make mesh_tst
./mesh_tst < square.mesh
```

Les programmes `mesh` et `mesh3d` présentés en annexe A.2.2 et A.2.3 permettent de visualiser les maillages comme sur la Fig. 3.2.

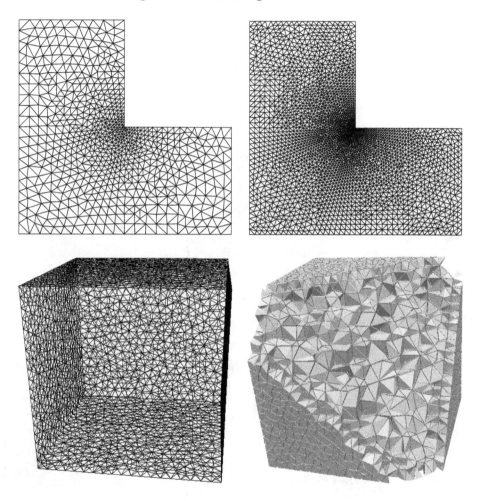

FIGURE 3.2 – Visualisation de maillages.

3.3.3   Mesure des éléments

La fonction `meas(Th,e)` renvoie l'aire de l'élément d'indice e dans le maillage : il s'agit d'une fonction très utile dans de nombreuses applications. Nous aurons par la suite l'occasion d'utiliser cette fonction dans le cadre de la méthode des éléments finis.

En dimension un, la mesure d'un élément est simplement la longueur d'une arête :

meas.h (suite)

```
template<typename T>
T meas (const mesh<T,1>& Th , size_t e) {
  const element<1>& K = Th[e];
  size_t ia = K[0], ib = K[1];
  const point<T,1>& a = Th.vertex(ia), b = Th.vertex(ib);
  return b[0]-a[0];
}
```

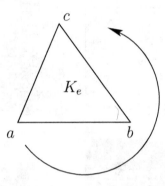

FIGURE 3.3 – Rotation autour de K_e suivant (i, j, k) dans le sens positif.

En dimension deux, la mesure d'un élément est l'aire d'un triangle :

meas.h (suite)

```
template<typename T>
T meas (const mesh<T,2>& Th , size_t e) {
  const element<2>& K = Th[e];
  size_t ia = K[0], ib = K[1], ic = K[2];
  const point<T,2>& a = Th.vertex(ia), b = Th.vertex(ib),
                    c = Th.vertex(ic);
  return ((b[0]-a[0])*(c[1]-a[1])
       - (b[1]-a[1])*(c[0]-a[0]))/2;
}
```

Soient a, b et c les sommets du triangle K_e. Quitte à permuter l'ordre dans lequel sont donnés ces sommets, nous supposons que (a, b, c) est orienté dans le sens trigonométrique sur ∂K_e (voir Fig. 3.3) : autrement dit, l'aire définie par cette fonction est positive. C'est d'ailleurs ainsi que, par convention, les éléments sont décrits dans les fichiers de maillage.

Enfin, en dimension trois, la mesure d'un élément est le volume d'un tétraèdre :

meas.h (suite)

```
template<typename T>
T meas (const mesh<T,3>& Th, size_t e) {
    const element<3>& K = Th[e];
    size_t ia = K[0], ib = K[1], ic = K[2], id = K[3];
    const point<T,3>& a = Th.vertex(ia), b = Th.vertex(ib),
                      c = Th.vertex(ic), d = Th.vertex(id);
    return dot(b-a,wedge(c-a,d-a))/6;
}
```

De même que pour la dimension deux, nous supposons que l'ordre des sommets du tétraèdre est tel que le volume calculé est positif. Rappelons que le volume d'un tétraèdre de sommets (a, b, c, d) est un sixième du produit mixte des trois vecteurs directeurs $\vec{ab}$, $\vec{ac}$ et $\vec{ad}$, soit encore $\vec{ab}.(\vec{ac} \wedge \vec{ad})/6$. Remarquez ici l'utilisation de la *spécialisation partielle* de la fonction meas : pour chaque dimension d, représenté par le paramètre D du modèle de la fonction, correspond une implémentation différente. La fonction reste générique en ce qui concerne le type T, représentant la virgule flottante. La spécialisation partielle est une technique très utile pour traiter les cas particuliers des algorithmes génériques.

Afin de faciliter la lecture et la concision du code, nous complétons la classe point par quelques utilitaires. Tout d'abord nous implémentons la somme $u + v$ et la différence $u - v$ de deux vecteurs $u, v \in \mathbb{R}^d$:

point.h (suite)

```
template <typename T, size_t D>
point<T,D>
operator+ (const point<T,D>& u, const point<T,D>& v) {
    point<T,D> w;
    for (size_t i = 0; i < D; ++i) w[i] = u[i] + v[i];
    return w;
}
template <typename T, size_t D>
point<T,D>
operator- (const point<T,D>& u, const point<T,D>& v) {
    point<T,D> w;
    for (size_t i = 0; i < D; ++i) w[i] = u[i] - v[i];
    return w;
}
```

La fonction dot représente le produit scalaire dans $\mathbb{R}^d$ auquel nous associons la norme et la distance.

point.h (suite)

```
#include <cmath>
template <typename T, size_t D>
T dot (const point<T,D>& u, const point<T,D>& v) {
  T sum = 0;
  for (size_t i = 0; i < D; ++i)
    sum += u[i]*v[i];
  return sum;
}
template <typename T, size_t D>
T norm (const point<T,D>& u) {
  return std::sqrt(dot(u,u));
}
template <typename T, size_t D>
T dist (const point<T,D>& a, const point<T,D>& b) {
  return norm(b-a);
}
```

Enfin, la fonction `wedge` implémente le produit vectoriel $u \wedge v$:

point.h (suite)

```
template <typename T>
point<T,3> wedge (const point<T,3>& u, const point<T,3>& v) {
  point<T,3> w;
  w[0] = u[1]*v[2]  - u[2]*v[1];
  w[1] = u[2]*v[0]  - u[0]*v[2];
  w[2] = u[0]*v[1]  - u[1]*v[0];
  return w;
}
```

3.3.4   Exercices

EXERCICE 24. (*Mesure d'un domaine maillé*)
Écrire une fonction membre meas($\mathcal{T}_h$) qui renvoie la mesure meas(Ω) du domaine Ω associé au maillage. La fonction pourra fonctionner pour des maillages en dimension d'espace $d = 1, 2$ ou 3.

EXERCICE 25. (*Longueurs extrêmes des arêtes*)
Par convention dans les méthodes d'éléments finis, la , longueur de la plus grande arête d'un maillage est simplement notée h.

1) Dans le cas de la dimension $d = 2$, écrire la fonction

```
T hmax (const mesh<T,2>& Th, size_t e);
```

qui calcule la longueur de la plus grande arête d'un élément du maillage, donné par son indice e. Indiquez également comment traiter les cas $d = 1$ et $d = 3$.

2) Écrire la fonction suivante, qui calcule h :

```
template <typename T, size_t D>
T hmax (const mesh<T,D>& Th);
```

EXERCICE 26. (*Qualité d'un maillage*)
Sauf mention contraire, nous supposons $d = 2$ dans cet exercice. Considérons
un triangle K de sommets (a, b, c). Rappelons que le diamètre r_K du cercle
passant par les trois sommets de K, ainsi que le diamètre ρ_K du cercle inscrit
à l'intérieur du triangle K sont donnés par les formules

$$r_K = \frac{ab\,bc\,ca}{4\,\text{meas(K)}} \quad \text{et} \quad \rho_K = \frac{2\,\text{meas(K)}}{ab + bc + ca}.$$

où ab désigne simplement la distance entre deux points a et b.

1) Vérifier que le ratio $Q_K = \rho_K/r_K$ est invariant par translation, rotation ou
homothétie (dilatation) de l'élément.

2) Calculer $Q_{K_0} = \rho_{K_0}/r_{K_0}$ lorsque K_0 est un triangle équilatéral.

3) Dans le contexte de la méthode des éléments finis, la qualité d'un triangle
est donnée par $q_K = Q_K/Q_{K_0}$. Cette quantité est entre zéro et un : elle est
normalisée. Elle vaut un quand le triangle est équilatéral et décroît d'autant
plus que le triangle est aplati. Écrire la fonction `quality(Th,e)`, qui calcule
q_K pour un élément K d'indice e.

4) La qualité d'un maillage est alors définie par $q(\mathcal{T}_h) = \min\{q_K;\ K \in \mathcal{T}_h\}$.
Écrire une fonction `quality(Th)` qui calcule la qualité d'un maillage.

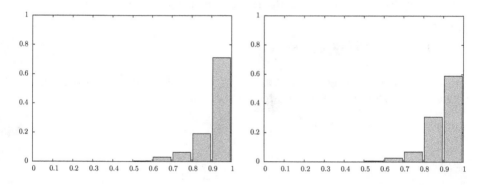

FIGURE 3.4 – Histogramme de qualité pour les maillages `square-40.mesh` et
`L-40-adapt.mesh` de la Fig. 3.2.b.

5) Écrire une fonction membre `histogram(Th)` qui synthétise un histogramme
de qualité, c'est-à-dire le pourcentage de ses éléments qui sont dans les tranches
de qualité $]0, 0.1]$, $]0.1, 0.2]$, $\ldots]0.9, 1]$. Cet histogramme pourra facilement être
visualisé, comme sur la Fig. 3.4.

6) La notion de qualité de maillage s'étend-elle à la dimension un ? À la dimension trois ? Le cas échéant, décrire comment étendre la fonction `quality(Th,e)`.

3.3.5   Notes

La notion de maillage, qui mêle des notions de géométrie algorithmique et de théorie des graphes, a généré un très grand nombre de travaux algorithmiques. L'ouvrage [8] présente un éventail très large de ces travaux et la librairie `cgal` [1], écrite en C++ en propose une implémentation dans l'esprit de la librairie `stl`.

Le calcul par éléments finis, que nous allons aborder dans la section suivante, impose à la génération de maillages certaines contraintes supplémentaires, telles qu'une certaine régularité dans la taille des éléments et le respect des frontières du domaine géométrique. Il existe un grand nombre de tels générateurs : les plus couramment utilisés sont `bamg` [30] pour les domaines bidimensionnels et `gmsh` [43] pour le cas tridimensionnel. Le livre de Georges [25] présente ces algorithmes ainsi que des applications à la méthode des éléments finis.

3.4   Méthode des éléments finis

Cette section présente la programmation de la méthode des éléments finis en C++. Nous considérons ici que le lecteur possède déjà quelques notions sur le sujet et l'excellent ouvrage de Raviart et Thomas [42] à ce propos.

3.4.1   Une interpolation par éléments

Soit Ω un ouvert borné de $\mathbb{R}^d$, où $d = 1, 2$ ou 3. Considérons le problème de Poisson avec conditions aux limites homogènes :

Trouver u, définie de Ω dans $\mathbb{R}$, telle que

$$
\begin{aligned}
-\Delta u &= f \text{ dans } \Omega \\
u &= 0 \text{ sur } \partial\Omega
\end{aligned}
$$

où f est une fonction donnée, de Ω dans $\mathbb{R}$.

La méthode des différences finies nous restreint au cas où Ω est rectangulaire. Ici, nous pourrons aborder des domaines Ω beaucoup plus généraux : nous allons approcher la solution $u(x)$ par la méthode des éléments finis. Soit X_h l'ensemble des fonctions continues de Ω dans $\mathbb{R}$ affines dans chaque élément K d'un maillage donné. Le maillage est noté $\mathcal{T}_h$.

Nous considérons alors le problème suivant :

Trouver $u_h \in V_h$ telle que

$$
\int_\Omega \nabla u_h(x, y) . \nabla v_h(x, y) \, \mathrm{d}x \, \mathrm{d}y = \int_\Omega f(x, y) \, v_h(x, y) \, \mathrm{d}x \, \mathrm{d}y, \quad \forall v_h \in V_h \qquad (3.4)
$$

où $V_h = X_h \cap H_0^1(\Omega)$ représente l'ensemble des fonctions continues de Ω dans $\mathbb{R}$ s'annulant sur la frontière $\partial\Omega$ et affines dans chaque élément K du maillage.

L'espace X_h est de dimension finie. Soit $n_v = \dim X_h$: la dimension de X_h est égale au nombre de sommets de la triangulation $\mathcal{T}_h$. Nous pouvons choisir pour base de X_h les fonctions $(\varphi_i)_{0 \leqslant i \leqslant n_v - 1}$ valant 1 au i-ème sommet x_i de $\mathcal{T}_h$ et zéro aux autres sommets (voir Fig. 3.5). La fonction u_h se décompose alors sur

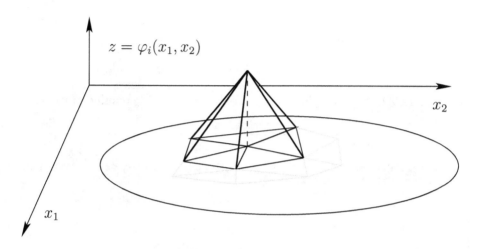

$$z = \varphi_i(x_1, x_2)$$

FIGURE 3.5 – Fonction de base φ_i.

cette base suivant :

$$u_h(x) = \sum_{j=0}^{n_v - 1} u_j \varphi_j(x)$$

où $u_i = u_h(x_i)$ sont les composantes de u_h dans X_h, appelées aussi *degrés de liberté*. L'opérateur d'interpolation π_h dans X_h s'écrit très simplement :

interpolate.h

```
template <typename T, size_t D>
std::valarray<T>
interpolate (const mesh<T,D>& Th, T (*v)(const point<T,D>&)){
  std::valarray<T> vh (Th.n_vertex());
  for (size_t i = 0; i < Th.n_vertex(); i++)
    vh[i] = v(Th.vertex (i));
  return vh;
}
```

En choisissant $v_h = \varphi_i$ dans (3.4), le problème se ramène à

Trouver $(u_i)_{0 \leqslant i \leqslant n_v - 1} \in \mathbb{R}^{n_v}$ *telle que*

$$\sum_{j=0}^{n_{\mathrm{v}}-1} \left(\int_\Omega \nabla\varphi_i . \nabla\varphi_j \, \mathrm{d}x \right) u_j \;=\; \sum_{j=0}^{n_{\mathrm{v}}-1} \left(\int_\Omega \varphi_i \, \varphi_j \, \mathrm{d}x \right) f(x_j, y_j),$$

$$\forall j \in \mathrm{int}(\mathcal{T}_h), \quad (3.5)$$

$$u_j \;=\; 0, \; \forall j \in \{0, \dots n_{\mathrm{v}} - 1\} \backslash \mathrm{int}(\mathcal{T}_h). \quad (3.6)$$

où $\mathrm{int}(\mathcal{T}_h)$ désigne l'ensemble des indices des sommets de $\mathcal{T}_h$ appartenant à l'intérieur du domaine Ω. Son complémentaire noté $\{0, \dots n_{\mathrm{v}} - 1\} \backslash \mathrm{int}(\mathcal{T}_h)$ représente l'ensemble des sommets du maillage qui sont situés sur la frontière du domaine de calcul. Afin de bien imposer la condition aux bords $u_h = 0$ sur $\partial\Omega$, exprimée par (3.6), nous allons séparer les degrés de liberté en deux catégories : (i) ceux associés à un sommet du maillage interne à Ω, et qui portent les valeurs de l'inconnue ; (ii) ceux associés à un sommet de la frontière $\partial\Omega$, et qui sont imposés à zéro. L'algorithme de renumérotation est :

renumbering.h

```
template<typename T, size_t D>
void
renumbering(const mesh<T,D>& Th, std::valarray<size_t>& num){
  num.resize (Th.n_vertex());
  size_t i_bdr = 0, i_int = 0;
  for (size_t i = 0; i < Th.n_vertex(); i++)
    if (Th.is_boundary (i))
      num[i] = i_bdr++;
    else
      num[i] = i_int++;
}
```

Dans la suite nous noterons simplement n le nombre de sommets internes du maillage. Le nombre n est également la taille du système linéaire réduit, obtenu après élimination des degrés de liberté imposés sur la frontière.

3.4.2   Les matrices A et M

Introduisons les matrices A et M dont les coefficients apparaissent dans (3.5) :

$$A_{i,j} = \int_\Omega \nabla\varphi_i . \nabla\varphi_j \, \mathrm{d}x, \quad \text{et} \quad M_{i,j} = \int_\Omega \varphi_i \varphi_j \, \mathrm{d}x,$$

Remarquons que $A = (A_{i,j})$ et $M = (M_{i,j})$ se décomposent en :

$$A = \sum_{e=0}^{n_{\mathrm{e}}-1} A^{(e)} \quad \text{et} \quad M = \sum_{e=0}^{n_{\mathrm{e}}-1} M^{(e)}$$

où $A^{(e)}$ et $M^{(e)}$ sont les matrices élémentaires relatives à l'élément $K_e \in \mathcal{T}_h$, $0 \leqslant e \leqslant n_{\mathrm{e}} - 1$, et n_{e} est le nombre d'éléments du maillage. Les matrices élémentaires sont données par :

$$A_{i,j}^{(e)} = \int_{K_e} \nabla\varphi_i . \nabla\varphi_j \, \mathrm{d}x, \quad \text{et} \quad M_{i,j}^{(e)} = \int_{K_e} \varphi_i . \varphi_j \, \mathrm{d}x,$$

L'intérêt de ces matrices élémentaires est d'avoir des coefficients relativement faciles à calculer. En effet, les fonctions de base φ_i sont polynomiales de degré un à l'intérieur de chaque élément K_e. Les matrices élémentaires $A^{(e)}$ et $M^{(e)}$ ne font intervenir que les $d+1$ sommets du simplexe K_e : elles ont donc au plus $(d+1)^2$ coefficients non-nuls. Donc, les matrices A et M, de taille $n_v \times n_v$ ont au plus $(d+1)^2 n_e$ coefficients non-nuls. Or, pour un maillage classique, $n_e = \Theta(n_v)$, ce qui conduit à des matrices A et M sont très creuses. Par exemple, en dimension $d=2$, ces matrices ont au plus $9n_e$ coefficients non-nuls, qui est très petit devant n_v^2.

3.4.3 Calcul de la matrice de masse M

Utilisons la formule des trapèzes pour évaluer $M_{i,j}^{(e)}$:

$$M_{i,j}^{(e)} = \frac{\mathrm{meas}(K_e)}{d+1} \sum_{k \in \mathrm{sommet}(K_e)} \varphi_i(x_k)\varphi_j(x_k)$$

Si $i = j \in \mathrm{sommet}(K_e)$, alors $M_{i,i}^{(e)} = \mathrm{meas}(K_e)/(d+1)$. Sinon $M_{i,j}^{(e)} = 0$. Ainsi, en utilisant la formule des trapèzes, $M^{(e)}$ et M s'écrivent sous forme de matrices diagonales :

$$M_{i,i} = \sum_{e/i \in \mathrm{sommet}(K_e)} \frac{\mathrm{meas}(K_e)}{d+1}$$

La somme précédente s'effectue sur tous les indices e, $0 \leqslant e \leqslant n_e - 1$ pour lesquels l'élément K_e contient le i-ième sommet. La valeur $M_{i,i}$ s'interprète comme étant l'aire du *volume fini* C_i centré autour du sommet i, et constitué des portions d'éléments adjacents en reliant le barycentre de ces éléments aux milieux des arêtes (voir Fig. 3.6). L'implémentation de l'assemblage de la matrice M est :

assembly_mass.h

```
template <typename T, size_t D>
void assembly_mass (const mesh<T,D>& Th,
    const std::valarray<size_t>& num, std::valarray<T>& M) {
  M.resize (Th.n_internal_vertex());
  M = 0;
  for (size_t e = 0; e < Th.size(); e++) {
    T c = meas(Th,e)/(D+1);
    for (size_t r = 0; r < D+1; r++) {
      size_t i = Th[e][r];
      if (! Th.is_boundary(i)) M[num[i]] += c;
    }
  }
}
```

Rappelons que la fonction `meas(Th,e)` renvoie l'aire de l'élément d'indice e dans le maillage.

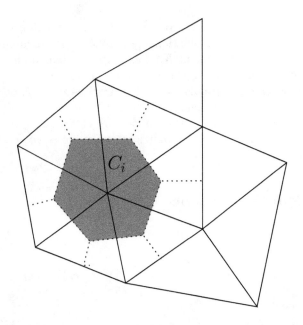

FIGURE 3.6 – Volume fini C_i centré autour du sommet i.

3.4.4   Calcul de la matrice d'énergie A

Les fonctions de base φ_i sont affines dans chaque élément K. Par conséquent, leur gradient est constant et le coefficient général de la matrice élémentaire s'écrit

$$A_{i,j}^{(e)} = \nabla\varphi_i.\nabla\varphi_j \ \operatorname{meas}(K_e)$$

Ce coefficient ne peut être non-nul que si i et j sont les indices de sommets appartenant à K_e : ces sommets sont alors soit égaux, soit adjacents par une arête de K. Ainsi $A_{i,j} \neq 0$ dès que i et j sont des sommets d'un même élément.

Plaçons nous pour commencer dans le cas de la dimension un. Afin d'alléger les notations, posons $a = x_i$ et $b = x_j$, $j \neq i$. Sans perte de généralité, nous pouvons supposer que $a < b$, si bien que $K_e = [a, b]$. La fonction de base φ_i est caractérisée sur K_e comme étant l'unique fonction affine vérifiant $\varphi_i(a) = 1$ et $\varphi_i(b) = 0$. Un rapide calcul donne les restrictions de φ_i et φ_j sur K_e :

$$\varphi_{i|K_e}(x) = \frac{b-x}{b-a} \ \text{ et } \ \varphi_{j|K_e}(x) = \frac{x-a}{b-a} \ \text{ pour } j \neq i$$

si bien que

$$\varphi'_{i|K_e}(x) = -\frac{1}{\operatorname{meas}(K_e)} \ \text{ et } \ \varphi'_{j|K_e}(x) = \frac{1}{\operatorname{meas}(K_e)} \ \text{ pour } j \neq i.$$

Nous obtenons finalement

$$A_{i,i}^e = \frac{1}{\mathrm{meas}(K_e)} \quad \text{et} \quad A_{i,j}^e = -\frac{1}{\mathrm{meas}(K_e)} \text{ pour } j \neq i.$$

En pré-multipliant le résultat par $\mathrm{meas}(K_e)$, nous obtenons le coefficient de la matrice élémentaire :

coeff.h

```
template <typename T>
T coeff (const mesh<T,1>& Th,
         size_t e, size_t ie, size_t je) {
  return (ie == je) ? 1 : -1;
}
```

Considérons à présent le cas de la dimension deux. Notons a le sommet d'indice i et b et c les deux autres sommets de K_e tels que le trièdre (a, b, c) soit orienté dans le sens positif. La fonction de base φ_i est caractérisée sur K_e comme étant l'unique fonction affine vérifiant $\varphi_i(a) = 1$ et $\varphi_i(b) = \varphi_i(c) = 0$. Un calcul rapide donne la restriction à K_e de φ_i :

$$\varphi_{i|K_e}(x) = \frac{(b_0 - x_0)(c_1 - b_1) - (c_0 - b_0)(b_1 - x_1)}{2 \, \mathrm{meas}(K_e)}$$

si bien que

$$\frac{\partial \varphi_{i|K_e}}{\partial x_0} = -\frac{c_1 - b_1}{2 \, \mathrm{meas}(K_e)} \quad \text{et} \quad \frac{\partial \varphi_{i|K_e}}{\partial x_1} = \frac{c_0 - b_0}{2 \, \mathrm{meas}(K_e)}.$$

Pour $i = j$ nous obtenons

$$A_{i,i}^{(e)} = \frac{(c_0 - b_0)^2 + (c_1 - b_1)^2}{4 \, \mathrm{meas}(K_e)}.$$

Pour $i \neq j$, notons a' le sommet d'indice j et b' et c' les deux autres sommets de K_e tels que le trièdre (a', b', c') soit orienté dans le sens positif. Nous obtenons

$$A_{i,j}^{(e)} = \frac{(c_0 - b_0)(c_0' - b_0') + (c_1 - b_1)(c_1' - b_1')}{4 \, \mathrm{meas}(K_e)}.$$

En pré-multipliant le résultat par $\mathrm{meas}(K_e)$, nous obtenons pour la dimension $d = 2$ le coefficient de la matrice élémentaire :

coeff.h (suite)

```
#include "meas.h"
template <typename T>
T coeff (const mesh<T,2>& Th,
         size_t e, size_t ie, size_t je) {
  size_t ia1 = Th[e][ie],      ia2 = Th[e][je],
         ib1 = Th[e][(ie+1)%3], ib2 = Th[e][(je+1)%3],
         ic1 = Th[e][(ie+2)%3], ic2 = Th[e][(je+2)%3];
  const point<T,2>& a1 = Th.vertex(ia1), a2 = Th.vertex(ia2),
                    b1 = Th.vertex(ib1), b2 = Th.vertex(ib2),
                    c1 = Th.vertex(ic1), c2 = Th.vertex(ic2);
  return ((c1[0]-b1[0])*(c2[0]-b2[0])
       +  (c1[1]-b1[1])*(c2[1]-b2[1]))/4;
}
```

Les paramètres ie et je représentent les indices locaux, entre 0 et 2, des deux sommets du triangle à considérer.

Considérons enfin le cas de la dimension trois. Notons a le sommet d'indice i et b, c et d les trois autres sommets du tétraèdre K_e tels que (a, b, c, d) soit orienté dans le sens positif. La fonction de base φ_i est caractérisée sur K_e comme étant l'unique fonction affine vérifiant $\varphi_i(a) = 1$ et $\varphi_i(b) = \varphi_i(c) = \varphi_i(d) = 0$. Recherchons la restriction à K_e de φ_i sous la forme :

$$\varphi_{i|K_e}(x) = \frac{\gamma.\overrightarrow{ax}}{6 \operatorname{meas}(K_e)} + 1$$

avec $\gamma \in \mathbb{R}^3$. Un calcul rapide montre que $\gamma = -\overrightarrow{ab} \wedge \overrightarrow{ac} - \overrightarrow{ac} \wedge \overrightarrow{ad} - \overrightarrow{ad} \wedge \overrightarrow{ab}$. Rappelons l'identité $\overrightarrow{ab}.(\overrightarrow{ac} \wedge \overrightarrow{ad}) = 6 \operatorname{meas}(K_e)$, déjà utilisée au paragraphe précédent. Nous pouvons vérifier que $\gamma.\overrightarrow{ab} = \gamma.\overrightarrow{ac} = \gamma.\overrightarrow{ad} = -6 \operatorname{meas}(K_e)$. Remarquons l'expression équivalente $\gamma = \overrightarrow{ab} \wedge \overrightarrow{cd} + \overrightarrow{ad} \wedge \overrightarrow{ac}$, qui a l'avantage de faire intervenir un plus petit nombre d'opérations arithmétiques. Finalement

$$\nabla\varphi_{i|K_e}(x) = \frac{\gamma}{6 \operatorname{meas}(K_e)}.$$

Pour $i = j$ nous obtenons :

$$A_{i,i}^{(e)} = \frac{|\gamma|^2}{36 \operatorname{meas}(K_e)}.$$

Pour $j \neq i$, notons a' le sommet d'indice j, et b', c' et d' les sommets suivants de K_e. Notons également γ' le vecteur obtenu en remplaçant (a, b, c, d) par (a', b', c', d') dans l'expression précédente de γ. Nous obtenons

$$A_{i,j}^{(e)} = \frac{\gamma.\gamma'}{36 \operatorname{meas}(K_e)}.$$

coeff.h (suite)

```
template <typename T>
T coeff (const mesh<T,3>& Th,
         size_t e, size_t ie, size_t je) {
 size_t ia1 = Th[e][ie],         ia2 = Th[e][je],
        ib1 = Th[e][(ie+1)%4],   ib2 = Th[e][(je+1)%4],
        ic1 = Th[e][(ie+2)%4],   ic2 = Th[e][(je+2)%4],
        id1 = Th[e][(ie+3)%4],   id2 = Th[e][(je+3)%4];
 const point<T,3>& a1 = Th.vertex(ia1), a2 = Th.vertex(ia2),
                   b1 = Th.vertex(ib1), b2 = Th.vertex(ib2),
                   c1 = Th.vertex(ic1), c2 = Th.vertex(ic2),
                   d1 = Th.vertex(id1), d2 = Th.vertex(id2);
 point<T,3> g1 = wedge(b1-a1,d1-c1) + wedge(d1-a1,c1-a1),
            g2 = wedge(b2-a2,d2-c2) + wedge(d2-a2,c2-a2);
 T sgn = (((ie - je) % 2) == 0) ? 1 : -1;
 return sgn*dot(g1,g2)/36;
}
```

Notez la règle de signe : le signe est inversé lorsque i et j sont distants d'un nombre impair dans l'ordre local des sommets de K_e.

3.4.5 Assemblage dynamique avec la classe list$\langle$T$\rangle$

La matrice A n'est donc pas diagonale. De plus, le nombre d'arêtes arrivant à un sommet i n'est pas fixé *a priori*. En moyenne, il est de l'ordre de 6 pour un maillage régulier bidimensionnel formé de triangles, et de l'ordre de 30 dans le cas tridimensionnel. Si le nombre de sommets internes du maillage nous donne la taille nrow et ncol de la matrice, nous ne connaissons pas a priori le nombre d'éléments non-nuls nnz de la matrice.

L'idée est d'effectuer l'assemblage en deux passes. La première passe parcourt le maillage et enregistre chaque indice de colonne j dans une *liste* associée à l'indice de ligne. Pour cela, nous allons utiliser la classe list de la librairie standard du C++. Elle présente une interface du type :

<list>

```
template <typename T>
class list {
  typedef iterator;
  typedef const_iterator;
  list ();
  list (const list<T>&);
  list<T>& operator= (const list<T>&);
  ~list ();
  iterator begin () const;
  iterator end () const;
  void insert (const_iterator iter, const T&);
  // ...
};
```

Il existe des itérateurs qui parcourent la liste : iterator, en lecture-écriture, et const_iterator, en lecture seule. Un parcours d'une liste L

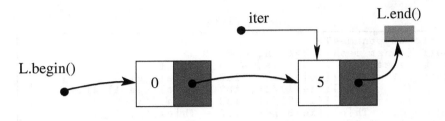

L.insert(iter, 2) :

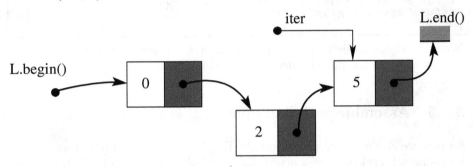

FIGURE 3.7 – Liste chaînée pour l'assemblage des matrices : opération d'insertion.

s'écrira :

```
for (list<size_t>::iterator p = L.begin(); p !=
L.end(); ++p)
    cout << *p << endl;
```

Le lecteur familier avec le langage C remarquera que les itérateurs reprennent la syntaxe des pointeurs dont ils sont la généralisation en C++. L'opération `L.insert(iter,j)` nous permettra d'ajouter un indice de colonne j dans la liste L, à la position indiquée par l'itérateur `iter`, comme représenté sur la Fig. 3.7. Supposons à présent la liste triée : voici une fonction qui insère un élément dans la liste s'il ne s'y trouvait pas auparavant :

unique_insert.h

```
template <typename T>
void unique_insert (std::list<T>& L, const T& j) {
  typename std::list<T>::iterator iter = L.begin(),
                                  last = L.end();
  while (iter != last && *iter < j) ++iter;
  if (iter == last || *iter != j) L.insert(iter, j);
}
```

La classe `list` présente encore bien d'autres fonctionnalités qui ne sont pas présentées exhaustivement ici, notre propos étant d'assembler la matrice.

Revenons donc à notre matrice creuse en construction : pour une ligne i, la liste, notée s_i, contient les indices de colonne j pour lesquelles il y a un coefficient dans la matrice.

pass1.h

```cpp
#include "unique_insert.h"
template <typename T, size_t D>
void pass1 (const mesh<T,D>& Th,
  const std::valarray<size_t>& num, matrix<T>& a)
{
  size_t n = Th.n_internal_vertex();
  std::vector<std::list<size_t> > s(n);
  for (size_t e = 0; e < Th.size(); e++)
    for (size_t ie = 0; ie < D+1; ie++) {
      size_t i = Th[e][ie];
      if (Th.is_boundary(i)) continue;
      unique_insert (s[num[i]], num[i]);
      for (size_t je = 0; je < D+1; je++) {
        size_t j = Th[e][je];
        if (je == ie || Th.is_boundary(j)) continue;
        unique_insert (s[num[i]], num[j]);
      }
    }
  a.resize (s, n);
}
```

Ce tableau de liste est ensuite converti en une structure de données `matrix` : ceci est effectué par la fonction membre `resize(s,n)` de la classe `matrix`, qui réorganise la matrice a à partir de la structure creuse donnée sous la forme de listes :

matrix.h (suite)

```
template<typename T>
void matrix<T>::resize (
  const std::vector<std::list<size_t> >& s, size_t ncol)
{
  using namespace std;
  size_t nrow = s.size();
  ptr.resize (nrow+1);
  ptr[0] = 0;
  for (size_t i = 0; i < nrow; ++i)
    ptr[i+1] = ptr[i] + s[i].size();
  size_t nnz = ptr[s.size()];
  idx.resize (nnz);
  for (size_t i = 0, p = 0; i < nrow; ++i)
    for (list<size_t>::const_iterator
      iter = s[i].begin(),
      last = s[i].end(); iter != last; ++iter, ++p)
        idx[p] = *iter;
  val.resize (nnz);
  val = 0;
  idxmax = ncol;
}
```

La deuxième passe parcourt le maillage et ajoute dans la matrice en construction la contribution de chaque élément. Nous pouvons à présent écrire l'algorithme d'assemblage de A :

pass2.h

```
#include "coeff.h"
template <typename T, size_t D>
void pass2 (const mesh<T,D>& Th,
  const std::valarray<size_t>& num, matrix<T>& a)
{
  for (size_t e = 0; e < Th.size(); e++) {
    T c = 1/meas(Th,e);
    for (size_t ie = 0; ie < D+1; ie++) {
      size_t i = Th[e][ie];
      if (Th.is_boundary(i)) continue;
      a.entry (num[i],num[i])   += c*coeff (Th, e, ie, ie);
      for (size_t je = 0; je < D+1; je++) {
        size_t j = Th[e][je];
        if (je == ie || Th.is_boundary(j)) continue;
        a.entry (num[i],num[j]) += c*coeff (Th, e, ie, je);
      }
    }
  }
}
```

La fonction finale enchaînera simplement les deux passes :

assembly_energy.h

```
#include "pass1.h"
#include "pass2.h"
template <typename T, size_t D>
void assembly_energy (const mesh<T,D>& Th,
  const std::valarray<size_t>& num, matrix<T>& a)
{
  pass1 (Th, num, a);
  pass2 (Th, num, a);
}
```

Un programme de test est :

assembly_energy_tst.cc

```
#include <valarray>
#include "mesh.h"
#include "matrix.h"
#include "renumbering.h"
#include "assembly_energy.h"
using namespace std;
int main() {
  mesh<double,2> Th;
  cin >> Th;
  valarray<size_t> num;
  renumbering (Th, num);
  matrix<double> A;
  assembly_energy (Th, num, A);
  cout << A;
}
```

La compilation et l'exécution sont réalisées par

```
make assembly_energy_tst
./assembly_energy_tst < L-20-adapt.mesh > L-20-adapt.mtx
```

Le maillage 'L-20-adapt.mesh' a été obtenu avec le logiciel bamg [30]. La visualisation de la matrice creuse Fig. 3.8.b est obtenue à partir du programme mtx2plot présenté dans l'annexe A.1.2 et du logiciel gnuplot :

```
./mtx2plot < L-20-adapt.mtx > L-20-adapt.plot
gnuplot L-20-adapt.plot
```

où le fichier 'L-20-adapt.mesh' correspond au maillage de la figure 3.8.a.

3.4.6   Résolution du système linéaire

Passons à la résolution du système linéaire (3.5)-(3.6) issu de la discrétisation éléments finis.

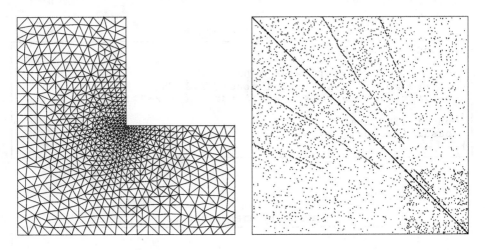

FIGURE 3.8 – Maillage et structure creuse de la matrice d'énergie associée.

dirichlet.h

```
#include "mesh.h"
#include "matrix.h"
#include "renumbering.h"
#include "assembly_mass.h"
#include "assembly_energy.h"
#include "interpolate.h"
#include "valarray_util.h"
#include "cg.h"
#include "eye.h"
template <typename T, size_t D>
std::valarray<T>
dirichlet (const mesh<T,D>& Th, const std::valarray<T>& fh) {
  std::valarray<size_t> num;
  std::valarray<T>       M;
  matrix<T>              A;
  renumbering      (Th, num);
  assembly_mass    (Th, num, M);
  assembly_energy (Th, num, A);
  std::valarray<bool> internal (Th.n_vertex());
  for (size_t i = 0; i < Th.n_vertex(); i++)
    internal[i] = ! Th.is_boundary(i);
  std::valarray<T> b = M*fh[internal];
  std::valarray<T> x (0., b.size());
  cg (A, x, b, eye(), 100000, 1e-10);
  std::valarray<T> uh (0.0, Th.n_vertex());
  uh [internal] = x;
  return uh;
}
```

Notez l'utilisation du masque `internal` qui permet de sélectionner les sommets internes du maillage, correspondant aux inconnues du système linéaire.

Nous allons à présent tester le code avec une solution connue explicitement. Pour cela nous choisissons u de la façon suivante :

$$u(x) = \Pi_{i=0}^{d-1} \sin(\pi x_i)$$

et nous ajustons le second membre $f = -\Delta u$.

sinusprod.h

```
const double pi = acos(double(-1));
template <size_t D>
double u (const point<double,D>& x) {
  double value = 1;
  for (size_t i = 0; i < D; ++i)
    value *= sin(pi*x[i]);
  return value;
}
template <size_t D>
double f (const point<double,D>& x) {
  return D*pi*pi*u(x);
}
```

Ceci nous permet de calculer l'erreur entre la solution approchée u_h et l'interpolée $\pi_h(u)$ de la solution exacte u. Le programme de test en dimension deux est

fem2d.cc

```
#include "dirichlet.h"
#include "sinusprod.h"
using namespace std;
int main() {
  mesh<double,2> Th;
  cin >> Th;
  valarray<double> uh = dirichlet (Th, interpolate (Th, f));
  valarray<double> pi_h_u = interpolate (Th, u);
  valarray<double> err = abs(pi_h_u-uh);
  cerr << "err " << err.max() << endl;
}
```

La compilation et l'exécution sont réalisées par

```
make fem2d
./fem2d < square-10.mesh
```

La Fig. 3.9.a trace l'erreur en norme L^∞, en fonction du pas h du maillage. Par définition :

$$\|u_h - \pi_h u\|_{\infty,\Omega} = \max_{x_i \in \mathrm{sommet}(\mathcal{T}_h)} |u_h(x_i) - u(x_i)|$$

Nous pouvons observer que $\|u_h - \pi_h u\|_{\infty,\Omega} s \approx C h^2$ avec une constante $C > 0$. Ce comportement est cohérent avec la théorie qui prévoit que $\|u_h - \pi_h u\|_{\infty,\Omega} s \leqslant C h^2 |\log h|^{3/2} i$ pour une certaine constante $C > 0$ (voir [14, p. 171]). La Fig. 3.9.b trace, en fonction du nombre d'inconnues n, le nombre

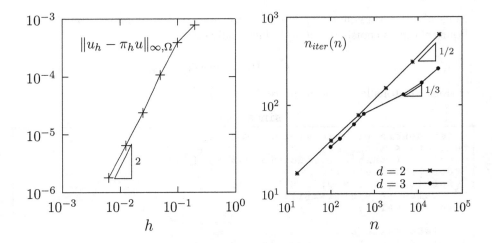

FIGURE 3.9 – Méthode des éléments finis : (a) convergence en fonction du pas h du maillage ($d = 2$) ; (b) nombre d'itérations du gradient conjugué en fonction de la taille n du problème ($d = 2, 3$).

d'itérations n_{iter} de l'algorithme du gradient conjugué afin d'obtenir un résidu de 10^{-10}. Pour $d = 2$, le nombre d'itérations croît comme $\Theta\left(n^{1/2}\right)$. Or le coût d'une itération du gradient conjugué est celle d'un produit matrice-vecteur par A, soit $\Theta(n)$, si bien que le coût total de la résolution est $\Theta\left(n^{3/2}\right)$. Pour $d = 3$, le nombre d'itérations croît comme $\Theta\left(n^{1/3}\right)$. Le coût total de la résolution est alors $\Theta\left(n^{4/3}\right)$. Ces observations sur un exemple correspondent bien à l'estimation théorique $\Theta\left(n^{1+1/d}\right)$, avec ici $d = 2$ ou 3, prévue par la théorie (voir l'exercice 14).

3.4.7 Problème de la membrane

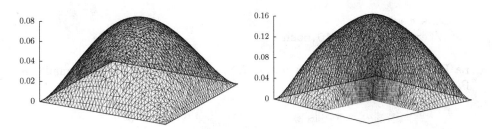

FIGURE 3.10 – Visualisation de la solution du problème de la membrane (a) dans le carré $]0, 1[^2$; (b) dans un domaine en forme de L

Maintenant que notre calcul est validé et que nous connaissons les propriétés de notre algorithme numérique, nous pouvons résoudre un problème pour lequel la solution n'est plus connue de façon explicite par une formule simple. Considérons le cas d'un second membre constant $f = 1$ et des conditions de Dirichlet homogènes : il s'agit du problème de la membrane (ou de la voile), tenue par les bords et soumise à une poussée f. Le code suivant lit le maillage sur le standard d'entrée et écrit la solution sur le standard de sortie :

membrane.cc

```
#include "dirichlet.h"
#include "valarray_io.h"
using namespace std;
double f (const point<double,2>& x) { return 1; }
int main() {
  mesh<double,2> Th;
  cin >> Th;
  cout << dirichlet (Th, interpolate (Th, f));
}
```

L'exécution avec domaine $\Omega =]0,1[^2$ et un pas $h \approx 1/40$ est réalisé par

```
make membrane
./membrane < square-40.mesh > square-40.val
```

Utilisons le programme de visualisation `fem_elevation` présenté en annexe A.3.1 :

```
./fem_elevation square-40.mesh square-40.val
```

Le cas tridimensionnel s'obtient en remplaçant les 2 par des trois dans le fichier `membrane.cc` : nous sauvegardons le résultat dans `membrane3d.cc` et effectuons les calculs :

```
make membrane3d
./membrane3d < cube.mesh > cube.val
```

En utilisant le programme de visualisation `fem3d_vtk` présenté en annexe A.3.2, nous obtenons la représentation de la Fig. 3.10.

3.4.8   Exercices

EXERCICE 27. (*Condition aux bords non-homogène*)
Considérons le problème de Poisson avec une condition aux bords de Dirichlet non-homogène :

$$
\begin{aligned}
-\Delta u &= f \text{ dans } \Omega \\
u &= g \text{ sur } \partial\Omega
\end{aligned}
$$

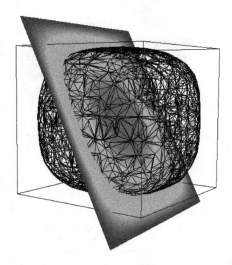

FIGURE 3.11 – Visualisation de la solution du problème de la membrane dans le cube $]0, 1[^3$.

Écrire la formulation variationnelle de ce problème. Modifier le code présenté dans cette section, notamment la fonction `assembly_energy`, afin d'accepter cette condition aux bords. La fonction g donnée pourra être représentée par une fonction C++ ou un foncteur, comme présenté dans l'exemple `u_alpha.h`, page 42.

EXERCICE 28. (*Condition de type Neumann*)
On se propose de résoudre un problème avec une condition de type Neumann :

$$
\begin{aligned}
u - \Delta u &= f \text{ dans } \Omega \\
\frac{\partial u}{\partial n} &= 0 \text{ sur } \partial\Omega
\end{aligned}
$$

Écrire la formulation variationnelle de ce problème. Proposer une modification du code présenté dans cette section pour résoudre ce problème.

EXERCICE 29. (*Coefficients non-constants*)
On se propose de résoudre le problème suivant :

$$
\begin{aligned}
-\nabla.(\eta\nabla u) &= f \text{ dans } \Omega \\
u &= 0 \text{ sur } \partial\Omega
\end{aligned}
$$

où η est une fonction donnée strictement positive. Ce type de problème apparait dans la modélisation des milieux poreux (loi de Darcy) ou bien dans la description des fluides complexes, lorsque la viscosité n'est pas constante.

1) Montrer que lorsque $\eta = 1$ nous retrouvons le problème de Poisson étudié dans cette section.

2) Écrire la formulation variationnelle de ce problème.

3) Proposer une modification du code présenté dans cette section pour résoudre ce problème. La fonction η donnée pourra être représentée par une fonction C++ ou un foncteur.

EXERCICE 30. (*Problème d'évolution*)
On se propose d'étudier le problème d'évolution suivant, appelé équation de la chaleur :

$$
\begin{aligned}
\frac{\partial u}{\partial t} - \Delta u &= f \text{ dans }]0, T[\times\Omega \\
u &= 0 \text{ sur }]0, T[\times\partial\Omega \\
u(t{=}0) &= u_0 \text{ dans } \Omega
\end{aligned}
$$

L'inconnue $u(t, x)$ dépend à la fois du temps $t \in]0, T[$ et de l'espace $x \in \Omega$. La donnée u_0 représente la condition initiale.

1) Discrétiser en temps cette équation par un schéma de différences finies rétrograde de pas $\Delta t > 0$. Indication : à chaque pas de temps, le schéma implicite conduit à la résolution d'un sous-problème linéaire continu en espace.

2) Écrire la formulation variationnelle du sous-problème.

3) Discrétiser en espace la formulation variationnelle précédente et présenter le système linéaire à résoudre.

4) Proposer une modification du code présenté dans cette section pour résoudre ce problème.

3.4.9   Notes

La méthode des éléments finis a émergé dans les années 1940 avec l'apparition des premiers ordinateurs. L'idée mécanicienne d'origine et toujours d'actualité, était que seuls des éléments discrets, reliés par des forces, permettaient de faire des calculs là où le continu était nécessaire. Sa présentation a par contre considérablement évolué depuis les débuts, avec des concepts théoriques et des notations associées qui permettent de passer du discret au continu. La formulation variationnelle s'est imposée comme l'outil clef, tant en pratique, pour calculer les coefficients des matrices que théoriquement, pour effectuer les analyses d'erreur et montrer que celle-ci diminuait en augmentant le nombre d'éléments. Parmi les ouvrages les plus classiques présentant la méthode, citons celui de Zienkiewicz et Taylor [64] pour une présentation à un public d'ingénieurs et celle, plus mathématique, de Ciarlet [13], présentant les propriétés de convergence. Mentionnons également l'excellent ouvrage pédagogique de Raviart et Thomas [42].

Dans cette section, nous avons présenté les approximations affines par morceaux des solutions, dite approximation P_1. L'extension à des polynômes de degré arbitraire P_k, $k \geqslant 1$ est une extension très naturelle et très intéréssante : l'erreur commise $\|u - u_h\|$ devient $\mathcal{O}(h^{k+1})$. Ainsi, pour un maillage relativement grossier, de pas $h = 1/10$ et $k = 15$ nous pouvons espérer avoir de l'ordre de quinze décimales exactes avec cette approche, contre seulement deux avec $k = 1$.

Un grand nombre de librairies se sont développées depuis les débuts. Parmi les précurseurs, nous mentionnons la librairie `modulef`, écrite en Fortran et initiée dans les années 1970 à l'INRIA, et qui met en avant l'idée de modularité du code. Dans les librairies récentes, citons la librairie `rheolef` [49], écrite en C++, et présentant une interface souple et très concise, s'appuyant sur les concepts de formulations variationnelles. On trouvera également dans `rheolef` une implémentation des éléments de degré élevé P_k, $k \geqslant 1$.

La section 2.3 du chapitre précédent a présenté une résolution plus rapide dans le cadre de la méthode des différences finies : la méthode ne s'applique alors plus à une géométrie générale, décrite par un maillage comme ici, mais à une géométrie rectangulaire ou cubique. Dans ce cas particulier, nous savons obtenir des performances supérieures en temps de résolution du système linéaire.

Annexe A

Pré- et post-traitements

A.1 Ordonnancement et visualisation des matrices creuses

A.1.1 Ordonnancement des fichiers matrix market

Les fichiers de matrices creuses au format matrix market (suffixes .mtx), notamment ceux disponibles sur le site internet matrix market [9], ne sont pas toujours triés par indices croissants de ligne. Afin de pouvoir les lire avec les programmes C++ présentés ici, nous proposons le petit filtre suivant, écrit en langage shell [7] du système unix :

mtx_sort.sh

```
#!/bin/sh
head -2 $1
tail -n +3 < $1 | \
  awk '{printf("%.4d %.4d %s\n", $1,$2,$3)}' | \
  sort -g | \
  awk '{printf("%d %d %s\n", $1,$2,$3)}'
```

Par exemple, pour réordonner le fichier e05r0500.mtx issu de ce site :

```
sh mtx_sort.sh e05r0500.mtx > e05r0500-new.mtx
mv e05r0500-new.mtx e05r0500.mtx
```

A.1.2 Visualisation des matrices creuses

Nous montrons ici comment visualiser les matrices creuses. Pour cela, générons un fichier que nous chargerons à l'aide du logiciel gnuplot. Voici une fonction membre `put_gnuplot(ostream&)` de la classe `matrix` :

matrix.h (suite)

```
template <typename T>
void matrix<T>::put_gnuplot (std::ostream& plot) const {
  using namespace std;
  const double d = 0.05;
  size_t h = nrow(), w = ncol();
  plot << "set xrange [0:" << w << "]" << endl
       << "set yrange [0:" << h << "]" << endl
       << "set size ratio -1" << endl
       << "set arrow from 0,0 to "
            << w << ",0 nohead lc 0" << endl
       << "set arrow from "
            << w << ",0 to " << w << ","
            << h << " nohead lc 0" <<endl
       << "set arrow from "
            << w << "," << h << " to 0,"
            << h << " nohead lc 0" << endl
       << "set arrow from 0,"
            << h << " to 0,0 nohead lc 0" << endl
       << "set noborder" << endl
       << "set notics" << endl
       << "set style line 1 lt rgb \"black\"" << endl;
  for (size_t i0 = 0; i0 < h; i0++) {
    size_t i = h - i0 - 1;
    for (size_t p = ptr[i0]; p < ptr[i0+1]; ++p) {
      size_t j = idx[p];
      plot << "set object " << p+1
           << " rect from " << j+d << "," << i+d
           << " to " << j+1-d << "," << i+1-d
           << " fc ls 1" << endl;
    }
  }
  plot << "plot -1 notitle" << endl
       << "pause -1 \"<retour>\"" << endl;
}
```

Le programme `mtx2plot.cc` suivant lit une matrice sur le standard d'entrée et écrit les commandes pour **gnuplot** sur le standard de sortie.

mtx2plot.cc

```
#include "matrix.h"
using namespace std;
int main() {
  matrix<double> a;
  cin >> a;
  a.put_gnuplot(cout);
}
```

```
make mtx2plot
./mtx2plot < e05r0500.mtx > e05r0500.plot
gnuplot e05r0500.plot
```

Le résultat a été présenté sur la Fig. 3.1, page 73.

A.2 Génération et visualisation de maillages

A.2.1 Génération de maillages

Cette annexe montre comment générer un maillage avec le générateur **bamg** [30] et convertir les fichiers au format très simple .mesh utilisé par les codes C++ de ce livre. L'entrée suivante du programme **bamg** décrit la frontière du domaine $\Omega =]0,1[^2$:

square.cad

```
MeshVersionFormatted 0
Dimension 2
Vertices 4
  0  0   1
  1  0   1
  1  1   1
  0  1   1
Edges 4
  1  2   1
  2  3   1
  3  4   1
  4  1   1
hVertices
0.1 0.1 0.1 0.1
```

Nous avons spécifié les quatre sommets, puis les quatres bords en tournant dans le sens positif. La quatrième colonne contient un numéro de domaine pour le bord. Nous renvoyons à la documentation du générateur de maillage **bamg** pour plus de détails. La génération du maillage de triangle de Ω se fait par :

```
bamg -g square.cad -o square.bamg
awk -f bamg2mesh.awk < square.bamg > square.mesh
```

Le script **awk** [19] suivant permet la conversion de fichiers :

bamg2mesh.awk

```
BEGIN { state = 0; }
($1 == "") { next; }
(state == 0 && $1 != "Vertices") { next; }
(state == 0 && $1 == "Vertices") { state = 1; next; }
(state == 1) { print; nv = $1; iv = 0; state = 2; next; }
(state == 2) { print; ++iv; if (iv == nv) state = 3; next; }
(state == 3 && $1 == "Triangles") { state = 4; next; }
(state == 4) { print; ne = $1; ie = 0; state = 5; next; }
(state == 5) { print; ++ie; if (ie == ne) state = 6; next; }
```

Pour les maillages tridimensionnels, nous utilisons gmsh [43].

```
gmsh -3 cube.mshcad -o cube.msh
awk -f gmsh2mesh_3d.awk < cube.msh > cube.mesh
```

L'entrée du programme cube.mshcad décrvant la frontière du domaine $\Omega =]0,1[^3$ ainsi que le script de conversion gmsh2mesh_3d.awk sont donnés avec les fichiers accompagnant ce livre.

A.2.2   Visualisation des maillages en dimension deux

Cette annexe a pour but de visualiser les maillages avec gnuplot [63]. La fonction mesh_gdat suivante écrit les arêtes du maillage sous le format de données de gnuplot :

mesh_gdat.h

```cpp
#include "mesh.h"
template <typename T>
void mesh_gdat (std::ostream& gdat, const mesh<T,2>& Th) {
  using namespace std;
  for (size_t e = 0; e < Th.size(); e++) {
    const point<T,2>& a = Th.vertex (Th[e][0]),
                      b = Th.vertex (Th[e][1]),
                      c = Th.vertex (Th[e][2]);
    gdat << a[0] << " " << a[1] << endl
         << b[0] << " " << b[1] << endl
         << c[0] << " " << c[1] << endl
         << c[0] << " " << c[1] << endl
         << a[0] << " " << a[1] << endl << endl;
  }
}
```

Le programme qui suit va lire un fichier de maillage donné sur la ligne d'appel, écrire le fichier de données pour gnuplot et enfin exécuter le programme gnuplot par une commande système :

mesh.cc

```
#include "mesh_gdat.h"
#include <fstream>
using namespace std;
int main(int argc, char**argv) {
  if (argc <= 1) return 0;
  mesh<double,2> Th;
  ifstream in(argv[1]);
  in >> Th;
  ofstream gdat("tmp.gdat");
  mesh_gdat (gdat, Th);
  gdat.close ();
  ofstream plot ("tmp.plot");
  plot << "set size ratio 1" << endl
       << "plot 'tmp.gdat' notitle with lines" << endl
       << "pause -1 '<retour>'" << endl;
  plot.close();
  system("gnuplot tmp.plot");
  system("rm -f tmp.plot tmp.gdat");
}
```

Remarquez la création de fichiers temporaires, qui sont effacés à l'issu de la visualisation. La compilation et l'exécution du programme sont réalisées par

```
make mesh
./mesh L-20-adapt.mesh
./mesh L-40-adapt.mesh
```

Le résultat est représenté sur la Fig. 3.2, page 85.

A.2.3 Visualisation des maillages en dimension trois avec `paraview`

Cette annexe a pour but de visualiser les maillages en dimension trois avec `paraview` [52]. La fonction `mesh_vtk` suivante écrit le maillage sous le format de données `vtk` [50] utilisé par `paraview` :

mesh_vtk.h

```
#include "mesh.h"
template <typename T>
void mesh_vtk (std::ostream& vtk, const mesh<T,3>& Th) {
  using namespace std;
  vtk << "# vtk DataFile Version 1.0" << endl
      << "Unstructured Grid" << endl
      << "ASCII" << endl
      << "DATASET UNSTRUCTURED_GRID" << endl
      << "POINTS " << Th.n_vertex() << " float" << endl;
  for (size_t i = 0; i < Th.n_vertex(); i++)
    vtk << Th.vertex(i) << endl;
  vtk << "CELLS " << Th.size() << " " << 5*Th.size() << << endl;
  for (size_t e = 0; e < Th.size(); e++) {
    vtk << "4";
    for (size_t ie = 0; ie < 4; ie++)
      vtk << " " << Th[e][ie];
    vtk << endl;
  }
  vtk << "CELL_TYPES " << Th.size() << endl;
  for (size_t e = 0; e < Th.size(); e++)
    vtk << "10" << endl;
}
```

Le programme qui suit va lire un fichier de maillage donné sur le standard d'entrée et écrire le fichier de données au format **vtk** sur le standard de sortie.

mesh3d.cc

```
#include "mesh_vtk.h"
#include <fstream>
using namespace std;
int main(int argc, char**argv) {
  mesh<double,3> Th;
  cin >> Th;
  mesh_vtk (cout, Th);
}
```

La compilation et l'exécution sont réalisées par

```
make mesh3d
./mesh3d < cube.mesh > cube.vtk
paraview &
```

Le lancement de **paraview** fait apparaître une fenêtre graphique avec de nombreux menus. Ouvrez le menu **File->open** et chargez **cube.vtk**. Ensuite, dans l'onglet **Properties**, cliquez sur le bouton vert [apply] : le cube apparaît, avec ses surfaces pleines. Remplacez à présent [Surface] par [Wireframe] dans le menu du haut : les arêtes des faces frontières apparaissent. Allons à présent explorer l'intérieur du maillage : ouvrez le menu **Filters->Alphabetical->ExtractCellsByRegion** et, dans l'onglet **Properties**, cliquez sur le bouton vert [apply]. Le cube apparaît coupé en deux par un plan, et ses éléments internes apparaissent. Le résultat est représenté sur la Fig. 3.2, page 85. Il est possible de déplacer le plan de coupe en translation, par le cadre, et en rotation, par sa normale, indiquée par une flèche. Afin de mieux comprendre la structure des tétraèdres, nous pouvons les séparer : ouvrez le menu `Filters->Alphabetical->Shrink`, et, dans l'onglet `Properties`, ajustez le facteur de rétrécissement. Il existe d'autres modes de représentation, comme la visualisation de toutes arêtes internes, avec le filtre `ExtractEdges`.

A.3   Visualisation des solutions de type éléments finis

A.3.1   Visualisation en dimension deux avec `gnuplot`

Cette annexe a pour but de visualiser les fonctions de type éléments finis en dimension deux avec **gnuplot** [63]. S'inspirant de l'annexe précédente, qui visualisait les maillages en dimension deux, écrivons la fonction `fem_gdat` :

fem_gdat.h

```cpp
#include "mesh.h"
#include <valarray>
template <typename T>
void fem_gdat (std::ostream& gdat,
  const mesh<T,2>& Th, const std::valarray<T>& uh) {
  using namespace std;
  for (size_t e = 0; e < Th.size(); e++) {
    size_t i = Th[e][0], j = Th[e][1], k = Th[e][2];
    const point<T,2>& a = Th.vertex(i),
                      b = Th.vertex(j),
                      c = Th.vertex(k);
    gdat << a[0] << " " << a[1] << " " << uh[i] << "\n"
         << b[0] << " " << b[1] << " " << uh[j] << "\n\n"
         << c[0] << " " << c[1] << " " << uh[k] << "\n"
         << c[0] << " " << c[1] << " " << uh[k] << "\n\n\n";
  }
}
```

En utilisant la commande `splot` de **gnuplot** on obtient une représentation en élévation :

fem_elevation.cc

```
#include "fem_gdat.h"
#include "valarray_io.h"
#include <fstream>
using namespace std;
int main(int argc, char**argv) {
  if (argc <= 2) return 0;
  mesh<double,2> Th;
  valarray<double> uh;
  ifstream m_in(argv[1]), s_in(argv[2]);
  m_in >> Th;
  s_in >> uh;
  ofstream gdat("tmp.gdat");
  fem_gdat (gdat, Th, uh);
  gdat.close ();
  ofstream plot ("tmp.plot");
  plot << "set size ratio 1" << endl
       << "splot 'tmp.gdat' notitle with lines" << endl
       << "pause -1 '<retour>'" << endl;
  plot.close();
  system("gnuplot tmp.plot");
  system("rm -f tmp.plot tmp.gdat");
}
```

```
make fem_elevation
./membrane     < square-40.mesh > square-40.val
./fem_elevation square-40.mesh    square-40.val
```

Le résultat est présenté sur la Fig. 3.10. page 104.

A.3.2 Visualisation en dimension trois avec paraview

Cette annexe a pour but de visualiser les fonctions de type éléments finis en dimension trois avec **paraview** [52]. La fonction **fem_vtk** suivante écrit le maillage sous le format de données **vtk** [50] utilisé par **paraview** :

fem_vtk.h

```
#include "mesh_vtk.h"
#include "valarray_io.h"
template <typename T, size_t D>
void fem_vtk (std::ostream& vtk,
    const mesh<T,D>& Th, const std::valarray<T>& uh) {
  using namespace std;
  mesh_vtk (vtk, Th);
  vtk << "POINT_DATA " << uh.size () << endl
      << "SCALARS fem float" << endl
      << "LOOKUP_TABLE default" << endl;
  for (size_t i = 0; i < uh.size(); ++i)
    vtk << uh[i] << endl;
}
```

Le programme qui suit va lire un fichier de maillage et un fichier de solution élément finis, donnés sur la ligne de commande, et écrire le fichier de données au format vtk sur le standard de sortie.

fem3d_vtk.cc

```
#include "fem_vtk.h"
#include <fstream>
using namespace std;
int main(int argc, char**argv) {
  if (argc <= 2) return 0;
  mesh<double,3> Th;
  valarray<double> uh;
  ifstream m_in(argv[1]), s_in(argv[2]);
  m_in >> Th;
  s_in >> uh;
  fem_vtk (cout, Th, uh);
}
```

```
make fem3d_vtk
./membrane3d < cube.mesh > cube.val
./fem3d_vtk cube.mesh cube.val > cube-val.vtk
paraview &
```

Dans la fenêtre **paraview**, ouvrez le menu **File->open** et chargez **cube-val.vtk**. Ensuite, dans l'onglet **Properties**, cliquez sur le bouton vert $\boxed{\text{apply}}$: le cube apparait, avec ses surfaces pleines. La couleur est unie, car la solution vaut zéro aux bords. Allons à présent explorer l'intérieur du maillage : ouvrez le menu **Filters->Alphabetical->Slice** et, dans l'onglet **Properties**, cliquez sur le bouton vert $\boxed{\text{apply}}$: un plan de coupe apparait. Dans la fenêtre **Pipeline browser**, séléctionnez **cube-val.vtk** en cliquant dessus, puis ouvrez le menu **Filters->Alphabetical->Contours**. Remplacez à présent $\boxed{\text{Surface}}$ par $\boxed{\text{Wireframe}}$ dans le menu du haut : la surface isovaleur est à présent en mode grillage. Enfin, ouvrez le menu **Sources->Outline** pour faire apparaître le cadre du cube. Le résultat est représenté sur la Fig. 3.11. page 106.

Annexe B

Corrigé des exercices

CORRIGÉ DE L'EXERCICE 1, page 9. (*Application aux rotations*)

L'exercice ne pose pas de problème, sinon quelques calculs avec des matrices 4×4.

CORRIGÉ DE L'EXERCICE 2, page 10. (*Promotion de type*)

1) L'opération d'addition `operator+` n'est définie qu'entre deux `quaternion<T>` utilisant la même précision en virgule flottante T. Or ici, pour calculer h3, les précisions des opérandes h1 et h2 sont `float` et `double`. Le résultat aurait un sens, et il n'y aurait pas de perte de précision, car le résultat est attendu en `double`.

2) Le tableau des promotions de type est :

+	float	double	long double
float	float	double	long double
double	double	double	long double
long double	long double	long double	long double

3) La classe `promote` s'écrit :

promote.h

```
struct undefined {};
template<typename T1, typename T2>
struct promote              { typedef undefined type; };
template<typename T>
struct promote<T,T>         { typedef T        type; };
template<>
struct promote<float, double> { typedef double type; };
template<>
struct promote<double, float> { typedef double type; };
```

Nous n'avons mentionné que la promotion (`float`,`double`). L'extension à `long double` se fait en ajoutant les promotions (`float`,`long double`) et (`double`,`long double`), soit quatre nouvelles lignes.

4) L'addition entre deux complexes est

promote.h (suite)

```
#include <complex>
template <typename T1, typename T2>
std::complex<typename promote<T1,T2>::type>
operator+ (const std::complex<T1>& a,
           const std::complex<T2>& b) {
  return std::complex<typename promote<T1,T2>::type>(
    a.real()+b.real(), a.imag()+b.imag());
}
```

5) L'addition entre deux quaternions est

promote.h (suite)

```
#include "quaternion.h"
template <typename T1, typename T2>
quaternion<typename promote<T1,T2>::type>
operator+ (const quaternion<T1>& a, quaternion<T2>& b) {
  return quaternion<typename promote<T1,T2>::type>(
    a.z()+b.z(), a.w()+b.w());
}
```

Un programme de test est :

promote.cc

```
#include "promote.h"
#include <iostream>
using namespace std;
int main () {
  complex<float>   z1 (0.0, 1.0);
  complex<double>  z2 (1.0, 2.0);
  complex<double>  z3 = z1 + z2;
  cout << "z3 = " << z3 << endl;
  quaternion<float>   h1 (0.0, 1.0, 0.0, 0.0);
  quaternion<double>  h2 (1.0, 2.0, 0.0, 0.0);
  quaternion<double>  h3 = h1 + h2;
  cout << "h3 = " << h3 << endl;
}
```

6) Insérer une nouvelle classe de virgule flottante, par exemple la classe `qd_real`, revient à ajouter une ligne et une colonne supplémentaire au tableau de la question 2. Ceci nécéssite d'ajouter à la classe **promote** des spécialisations avec les trois types à virgule flottante standard, soit six combinaisons. Ensuite, l'addition entre complexes, entre quaternions, et combinant ces types flottants, fonctionnera sans modification supplémentaire.

CORRIGÉ DE L'EXERCICE 3, page 21. (*Factorisation LDL^T*)

L'application de l'algorithme de factorisation LDL^T avec cette matrice conduit à un pivot nul. La matrice est inversible, mais n'est pas à valeurs propres positives : ses valeurs propres sont $1 \pm \sqrt{2}$. Ainsi, une des valeurs propres est négative, l'autre positive. La matrice n'est donc ni symétrique définie positive, ni symétrique définie négative : on dit qu'elle est symétrique indéfinie. Il est cependant possible, par une permutation des lignes et colonnes, d'appliquer l'algorithme LDL^T sans rencontrer de pivot nul :

$$P = \begin{pmatrix} 0 & 1 \\ 1 & 0 \end{pmatrix}, \quad \tilde{A} = PAP = \tilde{L}\tilde{D}\tilde{L}^T = \begin{pmatrix} 1 & 0 \\ 0.5 & 1 \end{pmatrix} \begin{pmatrix} 2 & 0 \\ 0 & -0.5 \end{pmatrix} \begin{pmatrix} 1 & 0.5 \\ 0 & 1 \end{pmatrix}$$

si bien que $A = P\tilde{L}\tilde{D}(P\tilde{L})^T$. La matrice $P\tilde{L}$ n'est pas triangulaire inférieure, mais $\tilde{L}$ l'est. Il ne s'agit donc pas d'une factorisation LDL^T à proprement parler.

CORRIGÉ DE L'EXERCICE 4, page 21. (*Factorisation LDL^T d'une matrice bande*)

1) Le résultat s'obtient par inspection des boucles de l'algorithme de factorisation LDL^T de la page 17.

2)

> **algorithme** : factorisation $A = LDL^T$ bande
>   **entrée** : A matrice $n \times n$ symétrique définie positive de bande b
>   **sortie** : L triangulaire inférieure unitaire de bande b et D diagonale
> **début**
>   **pour** $i = 1 : n$
> $L(i,i) = 1$
>   **pour** $j = max(1, i - b) : i - 1$
> $L(i,j) = A(i,j)$
>   **pour** $k = max(1, i - b, j - b) : j - 1$
> $L(i,j) = L(i,j) - L(i,k) * D(k,k) * L(j,k)$
> $L(i,j) = L(i,j)/D(j,j)$
> $D(i,i) = A(i,i)$
>   **pour** $j = max(1, i - b) : i - 1$
> $D(i,i) = D(i,i) - L(i,j)^2 * D(j,j)$
> **fin**

La boucle la plus externe a une longueur n et les deux boucles internes ont une longueur de l'ordre de b, ce qui donne un coût de la factorisation $\Theta(nb^2)$. La résolution des systèmes triangulaires conserve également une boucle externe de longueur n tandis que la boucle interne est de l'ordre de b, ce qui donne un coût de la résolution $\Theta(nb)$.

CORRIGÉ DE L'EXERCICE 5, page 22. (*Algorithme de Strassen*)

L'exercice ne pose pas de problème : l'algorithme se déroule sans difficulté.

CORRIGÉ DE L'EXERCICE 6, page 22. (*Multiplication de polynômes*)

Posons $c1 = (a + b)(c + d)$, $c_2 = ac$ et $c_3 = bd$. Alors, nous pouvons exprimer le résultat sous la forme $p_3(x) = p_1(x)p_2(x) = c_2 x^2 + (c1 - c_2 - c3)x + c_3$ et nous n'avons effectué que trois multipications.

CORRIGÉ DE L'EXERCICE 7, page 22. (*Multiplication de nombres complexes*)
La solution est similaire à celle de l'exercice précédent.

CORRIGÉ DE L'EXERCICE 8, page 22. (*Matrices denses*)

1) Le rangement peut s'écrire ligne par ligne ou colonne par colonne :

dmatrix.h (suite)

```
template <class T>
dmatrix<T>::dmatrix (size_t nr1, size_t nc1)
 : nr(nr1), nc(nc1), v(nr1*nc1) {}
template <class T>
void dmatrix<T>::resize (size_t nr1, size_t nc1)
{ nr = nr1; nc = nc1; v.resize(nr1*nc1); }
template <class T>
size_t dmatrix<T>::nrow () const { return nr; }
template <class T>
size_t dmatrix<T>::ncol () const { return nc; }
template <class T>
T& dmatrix<T>::operator() (size_t i, size_t j) {
  return v[i+j*nr]; }
template <class T>
T dmatrix<T>::operator() (size_t i, size_t j) const {
  return v[i+j*nr]; }
```

2) Le code du produit matrice-vecteur est :

dmatrix.h (suite)

```
template <typename T>
std::valarray<T>
operator* (const dmatrix<T>& a, const std::valarray<T>& x){
  std::valarray<T> y (a.ncol());
  for (size_t i = 0; i < a.nrow(); i++) {
    y[i] = 0;
    for (size_t j = 0; j < a.ncol(); j++)
      y[i] += a(i,j)*x[j];
  }
  return y;
}
```

3) L'algorithme du produit de deux matrices sur la base de trois boucles imbriquées ne pose aucune difficulté particulière, et son coût est $\Theta(n^3)$.

CORRIGÉ DE L'EXERCICE 9, page 31. (*Où pincer une corde de guitare ?*)

1) $c_0 = 1/4$.
2) $c_1 = -1/\pi^2$.
3) $c_3 = -1/(9\pi^2)$.
4) $c_5 = -1/(25\pi^2)$.

5) $c_p = -1/(p^2\pi^2)$ quand p est impair. Ainsi les amplitudes $|c_p|$ des harmoniques successives décroissent comme $1/p^2$.

6) Nous avons $c_1 = -1/\pi^2 + i(x_0 - 1/2)/\pi$ et plus généralement :

$$c_p = \begin{cases} -\dfrac{1}{p^2\pi^2} + \dfrac{i\pi}{p}(x_0 - 1/2) & \text{si } p \text{ est impair} \\[2ex] -\dfrac{i\pi}{p}(x_0 - 1/2) & \text{si } p \text{ est pair} \end{cases}$$

Ainsi les amplitudes $|c_p|$ des harmoniques successives décroissent comme $1/p$ dès que $x_0 \neq 0$ et comme $1/p^2$ pour $x_0 = 1/2$: il est préférable de pincer la corde au milieu pour entendre la note fondamentale la plus pure possible.

CORRIGÉ DE L'EXERCICE 10, page 45. (*Convergence de la méthode des différences finies*)

1,2) Le codage nécessite une simple modification du fichier `fish1d.cc`, en incluant `interpolate_1d.h`.

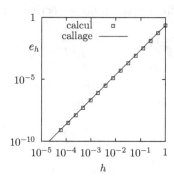

FIGURE B.1 – Convergence en $\mathcal{O}(h^2)$ de la méthode des différences finies.

3) Rangeons les valeurs (h, e_h) sur deux colonnes dans un fichier de données `err.gdat` puis exécutons sous **gnuplot** les commandes suivantes :

```
e(h)=c*h**a
a = 1
c = 1
fit e(x) 'err.gdat' via c
set logscale
plot 'fish1d_exo.gdat' w p, e(x)
```

Nous obtenons le graphique représenté sur la Fig. B.1 ainsi que $a \approx 2$ et $c \approx 0.23$: l'erreur asymptotique est $\mathcal{O}(h^2)$.

CORRIGÉ DE L'EXERCICE 11, page 46. (*Factorisation LDL^T avec structure bande*)

1) Le temps de factorisation est $\Theta(nk^2)$ et celui de la résolution est $\Theta(nk)$. Le paramètre k est le degré des polynômes : il est en pratique de l'ordre de 1 à 5 ou 10, et reste relativement petit devant n qui peut être arbitrairement grand. Aussi, la méthode reste optimale en dimension un d'espace : le coût total, en considérant k fixé, est $\Theta(n)$.

2) Nous avons $b = \Theta\left(m^{d-1}\right) = \Theta\left(n^{\frac{d-1}{d}}\right)$ si bien que le coût de la factorisation est $\Theta\left(n^{3-2/d}\right)$ en utilisant le résultat de l'exercice 4, page 4. Nous retrouvons un coût optimal en dimension un. Ce coût est $\Theta\left(n^2\right)$ en dimension deux et $\Theta\left(n^{7/3}\right)$ en dimension trois. Dans ces deux derniers cas, la méthode n'est pas du tout intéressante, et il est bien mieux d'utiliser la méthode faisant intervenir la transformée de Fourier qui conduit à un coût $\Theta\left(n \log n\right)$ en dimension deux et trois.

CORRIGÉ DE L'EXERCICE 12, page 59. (*Problème de Poisson par Fourier en dimension trois*)

1) Le schéma et les conditions aux limites s'écrivent :

$$-u_{i,j,k+1} - u_{i,j+1,k} - u_{i+1,j,k} + 8u_{i,j,k}$$
$$-u_{i-1,j,k} - u_{i,j-1,k} - u_{i,j,k-1} = h^2 f(x_{i,j,k}),\ 1 \leqslant i,j,k \leqslant m-1$$
$$u_{0,j,k} = u_{m,j,k} = 0,\ 0 \leqslant j,k \leqslant m$$
$$u_{i,0,k} = u_{i,m,k} = 0,\ 1 \leqslant i \leqslant m-1,\ 0 \leqslant k \leqslant m$$
$$u_{i,j,0} = u_{i,j,m} = 0,\ 1 \leqslant i,j \leqslant m-1$$

2) Posons $u_{j,k} = (u_{i,j,k})_{1 \leqslant j,k \leqslant m-1}$ et $f_{j,k} = (f(x_{i,j,k}))_{1 \leqslant j,k \leqslant m-1}$. En regroupant par blocs :

$$\begin{cases}
& & -u_{1,k-1} & + \tilde{C}u_{1,k} & -u_{1,k+1} & -u_{2,k} & = h^2 f_{1,k},\ 2 \leqslant k \leqslant m-2 \\
-u_{j-1,1} & & & + \tilde{C}u_{j,1} & -u_{j,2} & -u_{j+1,1} & = h^2 f_{j,1},\ 2 \leqslant j \leqslant m-2 \\
-u_{j-1,k} & -u_{j,k-1} & & + \tilde{C}u_{j,k} & -u_{j,k+1} & -u_{j+1,k} & = h^2 f_{j,k},\ 2 \leqslant j,k \leqslant m-2 \\
-u_{j-1,k} & -u_{j,k-1} & & + \tilde{C}u_{j,k} & -u_{j,k+1} & -u_{j+1,k} & = h^2 f_{j,k},\ 2 \leqslant j,k \leqslant m-2 \\
-u_{m-2,k} & -u_{m-1,k-1} & + \tilde{C}u_{m-1,k} & -u_{m-1,k+1} & & & = h^2 f_{m-1,k},\ 2 \leqslant k \leqslant m-2 \\
-u_{j-1,m-1} & -u_{j,m-2} & & + \tilde{C}u_{j,m-1} & & -u_{j+1,m-1} & = h^2 f_{j,m-1},\ 2 \leqslant j \leqslant m-2
\end{cases}$$

Nous avons noté la matrice $\tilde{C} = 8I - C_0$, de taille $m-1$, où C_0 est la matrice introduite dans le cours. Les valeurs propres de $\tilde{C} = 8I - C_0$ sont $\lambda_l = 8 - 2\cos(l\pi/m)$, $1 \leqslant l \leqslant m-1$. Soit V la matrice introduite en cours, dont les colonnes sont les vecteurs propres de C_0. On note Λ la matrice diagonale des λ_l, si bien que $\tilde{C} = V\Lambda V^T$. En décomposant $u_{j,k}$ et $f_{j,k}$ dans la base des vecteurs propres : $u_{j,k} = V^T \tilde{u}_{j,k}$ et $f_{j,k} = V^T \tilde{f}_{j,k}$, il vient

$$\begin{cases}
& & -\tilde{u}_{1,k-1} & + \Lambda\tilde{u}_{1,k} & -\tilde{u}_{1,k+1} & -\tilde{u}_{2,k} & = h^2 \tilde{f}_{1,k},\ 2 \leqslant k \leqslant m-2 \\
-\tilde{u}_{j-1,1} & & & + \Lambda\tilde{u}_{j,1} & -\tilde{u}_{j,2} & -\tilde{u}_{j+1,1} & = h^2 \tilde{f}_{j,1},\ 2 \leqslant j \leqslant m-2 \\
-\tilde{u}_{j-1,k} & -\tilde{u}_{j,k-1} & & + \Lambda\tilde{u}_{j,k} & -\tilde{u}_{j,k+1} & -\tilde{u}_{j+1,k} & = h^2 \tilde{f}_{j,k},\ 2 \leqslant j,k \leqslant m-2 \\
-\tilde{u}_{j-1,k} & -\tilde{u}_{j,k-1} & & + \Lambda\tilde{u}_{j,k} & -\tilde{u}_{j,k+1} & -\tilde{u}_{j+1,k} & = h^2 \tilde{f}_{j,k},\ 2 \leqslant j,k \leqslant m-2 \\
-\tilde{u}_{m-2,k} & -\tilde{u}_{m-1,k-1} & + \Lambda\tilde{u}_{m-1,k} & -\tilde{u}_{m-1,k+1} & & & = h^2 \tilde{f}_{m-1,k},\ 2 \leqslant k \leqslant m-2 \\
-\tilde{u}_{j-1,m-1} & -\tilde{u}_{j,m-2} & & + \Lambda\tilde{u}_{j,m-1} & & -\tilde{u}_{j+1,m-1} & = h^2 \tilde{f}_{j,m-1},\ 2 \leqslant j \leqslant m-2
\end{cases}$$

Redéveloppons à présent par blocs. Nous avons, pour tout $l \in \{1, \ldots m-1\}$

$$
\begin{array}{llllll}
-\tilde{u}_{l,1,k-1} & +\lambda_l\tilde{u}_{l,1,k} & -\tilde{u}_{l,1,k+1} & -\tilde{u}_{l,2,k} & = h^2\tilde{f}_{l,1,k}, & 2 \leqslant k \leqslant m-2 \\
-\tilde{u}_{l,j-1,1} & & +\lambda_l\tilde{u}_{l,j,1} & -\tilde{u}_{l,j,2} & -\tilde{u}_{l,j+1,1} & = h^2\tilde{f}_{l,j,1}, & 2 \leqslant j \leqslant m-2 \\
-\tilde{u}_{l,j-1,k} & -\tilde{u}_{l,j,k-1} & +\lambda_l\tilde{u}_{l,j,k} & -\tilde{u}_{l,j,k+1} & -\tilde{u}_{l,j+1,k} & = h^2\tilde{f}_{l,j,k}, & 2 \leqslant j,k \leqslant m-2 \\
-\tilde{u}_{l,j-1,k} & -\tilde{u}_{l,j,k-1} & +\lambda_l\tilde{u}_{l,j,k} & -\tilde{u}_{l,j,k+1} & -\tilde{u}_{l,j+1,k} & = h^2\tilde{f}_{l,j,k}, & 2 \leqslant j,k \leqslant m-2 \\
-\tilde{u}_{l,m-2,k} & -\tilde{u}_{l,m-1,k-1} & +\lambda_l\tilde{u}_{l,m-1,k} & -\tilde{u}_{l,m-1,k+1} & & = h^2\tilde{f}_{l,m-1,k}, & 2 \leqslant k \leqslant m-2 \\
-\tilde{u}_{l,j-1,m-1} & -\tilde{u}_{l,j,m-2} & +\lambda_l\tilde{u}_{l,j,m-1} & & -\tilde{u}_{l,j+1,m-1} & = h^2\tilde{f}_{l,j,m-1}, & 2 \leqslant j \leqslant m-2
\end{array}
$$

Ainsi, ces $m-1$ systèmes linéaires, chacun de taille $(m-1)^2$, sont complètement découplés, et peuvent être résolus séparément. Fixons donc un indice l, et notons A_l la matrice du système correspondant

$$
A_l = \begin{pmatrix}
\hat{C}_l & -I & & & \\
-I & \hat{C}_l & -I & & \\
& \ddots & \ddots & \ddots & \\
& & -I & \hat{C}_l & -I \\
& & & -I & \hat{C}_l
\end{pmatrix}
$$

où $\hat{C}_l = \lambda_l I - C_0$. Ce système est analogue à celui que nous obtenons par une méthode de différences finies en dimension deux : seuls les coefficients diagonaux sont modifiés : ils valaient 4 et valent ici λ_l. Nous pouvons donc recommencer une seconde fois l'opération. Nous connaissons les valeurs propres de $\hat{C}_l$, qui sont

$$
\hat{\lambda}_{l,j} = \lambda_l - 2\cos(j\pi/m) = 8 - 2\cos(l\pi/m) - 2\cos(j\pi/m).
$$

En notant $\hat{\Lambda}_l$ la matrice diagonale des $(\hat{\lambda}_{l,j})_{1\leqslant j\leqslant m-1}$ et en décomposant $\tilde{u}_{l,k} = (\tilde{u}_{l,j,k})_{1\leqslant j\leqslant m-1}$ et $\tilde{f}_{l,k} = (\tilde{f}_{l,j,k})_{1\leqslant j\leqslant m-1}$ dans la base des vecteurs propres : $\tilde{u}_{l,k} = V^T\hat{u}_{l,k}$ et $\tilde{f}_{l,k} = V^T\hat{f}_{l,k}$, il vient

$$
\begin{cases}
\Lambda_l\hat{u}_{l,1} & - & \hat{u}_{l,2} & = & \hat{f}_{l,1}, \\
-\hat{u}_{l,k-1} & + \Lambda_l\hat{u}_{l,k} & - & \hat{u}_{l,k+1} & = \hat{f}_{l,k}, & 2 \leqslant k \leqslant m-2, \\
-\hat{u}_{l,m-2} & + \Lambda_l\hat{u}_{l,m-1} & - & & = \hat{f}_{l,m-1}.
\end{cases}
$$

Redéveloppons à présent les blocs. Nous avons pour tout $l, j \in \{1, \ldots m-1\}$:

$$
\begin{cases}
\hat{\lambda}_{l,j}\hat{u}_{l,j,1} & - & \hat{u}_{l,j,2} & = & \hat{f}_{l,j,1}, \\
-\hat{u}_{l,j,k-1} & + \hat{\lambda}_{l,j}\tilde{u}_{l,j,k} & - & \hat{u}_{l,j,k+1} & = \hat{f}_{l,j,k}, & 2 \leqslant k \leqslant m-2, \\
-\hat{u}_{l,j,m-2} & + \hat{\lambda}_{l,j}\hat{u}_{l,j,m-1} & - & & = \hat{f}_{l,j,m-1}.
\end{cases}
$$

Ainsi, ces $(m-1)^2$ systèmes linéaires sont complètement découplés : pour chaque (l, j) fixés, nous sommes en présence d'un système tridiagonal de matrice $A_{l,j} = \hat{\lambda}_{l,j}I - C_0$ que nous savons résoudre par méthode directe en un temps de calcul optimal.

CORRIGÉ DE L'EXERCICE 13, page 66. (*Majoration du nombre d'itérations*)

Partons du développment limité suivant, au voisinage de $\mu = 0$, avec $\mu \in [0, 1]$:

$$\log\left(\frac{1+\mu}{1-\mu}\right) = 2\left(\mu + \frac{\mu^3}{3} + \ldots + \frac{\mu^{2k+1}}{2k+1} + \ldots\right) \geqslant 2\mu$$

Notez que ce développement se déduit directement de celui de $\log(1 + \mu)$. En prenant l'exponentielle de l'inégalité précédente, croissante, puis l'inverse, qui est décroissante, et change le sens de l'inégalité, et enfin en posant $x = 1/\mu$, nous obtenons $(x - 1)/(x + 1) \leqslant \exp(-2/x)$, ceci pour tout $x \geqslant 1$. Le résultat des deux questions suivantes se déduit directement de la majoration précédente.

CORRIGÉ DE L'EXERCICE 14, page 66. (*Problème de Poisson multi-dimensionnel*)

1) En dimension un, le schéma est donné par (2.4). Ce schéma se généralise en dimension deux suivant :

$$\begin{aligned}
-u_{i,j+1} - u_{i+1,j} + 4u_{i,j} - u_{i-1,j} - u_{i,j-1} &= h^2 f(x_{i,j}), \ 1 \leqslant i, j \leqslant m - 1 \\
u_{0,j} &= u_{m,j} = 0, \ 0 \leqslant j \leqslant m \\
u_{i,0} &= u_{i,m} = 0, \ 1 \leqslant i \leqslant m - 1
\end{aligned}$$

et en dimension trois suivant

$$\begin{aligned}
-u_{i,j,k+1} - u_{i,j+1,k} - u_{i+1,j,k} + 8u_{i,j,k} & \\
-u_{i-1,j,k} - u_{i,j-1,k} - u_{i,j,k-1} = h^2 f(x_{i,j,k}), \ 1 &\leqslant i, j, k \leqslant m - 1 \\
u_{0,j,k} = u_{m,j,k} = 0, \ 0 &\leqslant j, k \leqslant m \\
u_{i,0,k} = u_{i,m,k} = 0, \ 1 \leqslant i \leqslant m - 1, \ 0 &\leqslant k \leqslant m \\
u_{i,j,0} = u_{i,j,m} = 0, \ 1 &\leqslant i, j \leqslant m - 1
\end{aligned}$$

2) La taille du système linéaire est $n = (m - 1)^d$.

3) Partant des schémas précédents, on vérifie que le nombre de coefficients par ligne pour $d = 1$ est majoré par 3. Dans le cas $d = 2$, il est majoré par 5 et pour $d = 3$ par 7. D'une façon générale, le nombre de coefficients non-nuls est majoré par $2d + 1$. Lorsque $h = 1/m$ tend vers zéro, la matrice devient grande, n tend vers l'infini, mais le nombre de coefficients non-nuls $\text{nnz}(A)$ de la matrice est majoré par $(2d+1)n$, avec $n = (m-1)^d$. Si bien que le coût du produit matrice vecteur est $\Theta(n)$.

4) De $n = (m - 1)^d$ il vient $m = n^{1/d} + 1$ et $h = 1/(n^{1/d} + 1)$. D'autre part, $\text{cond}(A) = \mathcal{O}(h^{-2})$, si bien que $\text{cond}(A) = \mathcal{O}(n^{2/d})$.

5) L'expression (3.3) découle directement de (3.2) et de la question précédente

6) Nous avons une multiplication matrice-vecteur par itération : le coût de la résolution est $T(n) = \mathcal{O}\left(n^{1+1/d} \log\left(\varepsilon^{-1}\right)\right)$.

7) Il vient $\text{cond}\left(M^{-1}A\right) = \mathcal{O}(n^{1/d})$ et $T(n) = \mathcal{O}\left(n^{1+1/(2d)} \log\left(\varepsilon^{-1}\right)\right)$.

8) Pour $d = 1$, la méthode directe sur matrice tridiagonale est optimale, avec un coût $\Theta(n)$ alors que le gradient conjugué préconditionné conduit à un coût $T(n) = \mathcal{O}\left(n^{3/2}\log\left(\varepsilon^{-1}\right)\right)$. Pour $d = 2$ ou 3, la méthode directe utilisant la transformation de Fourier conduit au coût $\mathcal{O}\left(n\log n\right)$, ce qui est également meilleur que le gradient conjugué préconditionné. De plus, ces méthodes directes ne font pas intervenir la précision ε. Ainsi, pour résoudre le problème issu de la discrétisation en différences finies avec une grille uniforme, il vaut mieux utiliser une méthode directe plutôt que l'algorithme du gradient conjugué. L'algorithme du gradient conjugué a l'intérêt de s'appliquer à des problèmes plus généraux, pour des grilles non uniformes ou des problèmes issus de la méthode des éléments finis.

CORRIGÉ DE L'EXERCICE 15, page 76. (*Intégrité d'une matrice creuse*)

Après avoir vérifié les dimensions des tableaux, il suffit de vérifier que les indices de colonne sont dans l'intervalle $[0, \texttt{ncol}[$:

matrix.h (suite)

```cpp
template<typename T>
void matrix<T>::check() const {
  assert (ptr[0] == 0);
  assert (ptr[nrow()] == idx.size() &&
          ptr[nrow()] == val.size());
  for (size_t i = 0; i < nrow(); ++i) {
    assert (ptr[i] <= ptr[i+1]);
    for (size_t p = ptr[i]; p < ptr[i+1]; ++p)
      assert (idx[p] < ncol());
  }
}
```

CORRIGÉ DE L'EXERCICE 16, page 76. (*Information sur une matrice*)

1) Pour avoir la norme de Frobenius, il suffit d'effectuer la somme des carrés des coefficients non-nuls, puis d'en prendre la racine carrée :

matrix.h (suite)

```cpp
template<typename T>
T matrix<T>::frobenius_norm() const {
  T sum = 0;
  for (size_t p = 0; p < nnz(); ++p)
    sum += val[p]*val[p];
  return sqrt(sum);
}
```

2) Cette boucle nécessite le numéro de ligne, aussi nous écrivons deux boucles emboîtées :

matrix.h (suite)

```
template<typename T>
size_t matrix<T>::average_dist_diag() const {
  size_t sum = 0;
  for (size_t i = 0; i < nrow(); ++i)
    for (size_t p = ptr[i]; p < ptr[i+1]; ++p)
      sum += abs(idx[p] - i);
  return sum/nnz();
}
```

3) Cette boucle a une structure similaire à la précédente :

matrix.h (suite)

```
template<typename T>
T matrix<T>::diagonal_dominant() const {
  T dd = 0;
  for (size_t i = 0; i < nrow(); ++i) {
    T sum = 0, aii = 0;
    for (size_t p = ptr[i]; p < ptr[i+1]; ++p)
      if (idx[p] == i) aii = abs(val[p]);
      else sum += abs(val[p]);
    dd = std::max(dd, aii-sum);
  }
  return dd;
}
```

CORRIGÉ DE L'EXERCICE 17, page 76. (*Multiplications par une matrice diagonale*)

1) La première fonction est très simple

matrix.h (suite)

```
template<typename T>
matrix<T>&
matrix<T>::inplace_left_mult(const std::valarray<T>& d) {
  for (size_t p = 0; p < nnz(); ++p)
    val[p] *= d[idx[p]];
  return *this;
}
```

2) Nous avons besoin ici de l'indice de ligne, aussi nous écrivons deux boucles imbriquées :

matrix.h (suite)

```
template<typename T>
matrix<T>&
matrix<T>::operator*= (const std::valarray<T>& d) {
  for (size_t i = 0; i < nrow(); ++i)
    for (size_t p = ptr[i]; p < ptr[i+1]; ++p)
      val[p] *= d[i];
  return *this;
}
```

3) Il suffit de sauvegarder A dans B et C, puis d'appeler les fonctions précédentes sur B et C :

matrix_diag_mult.cc

```
#include "matrix.h"
using namespace std;
int main() {
  matrix<double> a;
  cin >> a;
  valarray<double> d1(2.0,a.nrow());
  matrix<double> b = a;
  b.inplace_left_mult(d1);
  valarray<double> d2(2.0,a.ncol());
  matrix<double> c = a;
  c *= d2;
}
```

CORRIGÉ DE L'EXERCICE 18, page 76. (*Extraction de la diagonale*)

matrix.h (suite)

```
template<typename T>
std::valarray<T> diag (const matrix<T>& a) {
  std::valarray<T> d (T(0), std::min(a.nrow(), a.ncol()));
  for (size_t i = 0; i < d.size(); ++i)
    for (size_t p = a.ptr[i]; p < a.ptr[i+1]; ++p)
      if (i == a.idx[p]) d[i] = a.val[p];
  return d;
}
```

CORRIGÉ DE L'EXERCICE 19, page 77. (*Ajout d'une matrice diagonale*)

La structure du code est similaire à celle proposée dans les exercices précédents :

matrix.h (suite)

```
template<typename T>
matrix<T>&
matrix<T>::operator+= (const std::valarray<T>& d) {
  assert (d.size() == std::min(nrow(), ncol()));
  for (size_t i = 0; i < d.size(); ++i) {
    bool have_diag = false;
    for (size_t p = ptr[i]; p < ptr[i+1]; ++p)
      if (i == idx[p]) { val[p] += d[i]; have_diag = true; }
    assert(have_diag);
  }
  return *this;
}
```

CORRIGÉ DE L'EXERCICE 20, page 77. (*Produit transposé*)

Il faut bien prendre garde à initialiser le tableau du résultat à zéro avant la boucle, car le résultat y est accumulé ensuite.

matrix.h (suite)

```
template<typename T>
std::valarray<T>
matrix<T>::trans_mult (const std::valarray<T>& x) const {
  std::valarray<T> y (T(0), ncol());
  for (size_t i = 0; i < nrow(); ++i)
    for (size_t p = ptr[i]; i < ptr[i+1]; ++p)
      y[idx[p]] += val[p]*x[i];
  return y;
}
```

CORRIGÉ DE L'EXERCICE 21, page 77. (*Extraction d'une partie triangulaire*)

Un premier passage sur la structure creuse de A permet de calculer nnz(tril(A)) et de dimensionner la structure creuse de la partie inférieure. Un second passage effectue la copie. Le code pour la fonction triu(A) est similaire.

matrix.h (suite)

```
template <typename T>
matrix<T> tril (const matrix<T>& a) {
  size_t l_nnz = 0;
  for (size_t i = 0; i < a.nrow(); ++i)
    for (size_t p = a.ptr[i]; p < a.ptr[i+1]; ++p)
      if (a.idx[p] < i) l_nnz++;
  matrix<T> l;
  l.ptr.resize(a.nrow()+1);
  l.idx.resize(l_nnz);
  l.val.resize(l_nnz);
  l.idxmax = a.idxmax;
  l.ptr[0] = 0;
  for (size_t q = 0, i = 0; i < a.nrow(); ++i) {
    for (size_t p = a.ptr[i]; p < a.ptr[i+1]; ++p) {
      if (a.idx[p] >= i) continue;
      l.idx[q] = a.idx[p];
      l.val[q] = a.val[p];
      ++q;
    }
    l.ptr[i+1] = q;
  }
  return l;
}
```

CORRIGÉ DE L'EXERCICE 22, page 77. (*Vecteurs creux*)

1) Pour les deux vecteurs x et y, nous avons :

x.val	1	2	-7

x.idx	0	1	3

y.val	3	5	7	11

y.idx	1	2	3	4

2) Le constructeur est :

spvalarray.h (suite)

```
template <class T>
spvalarray<T>::spvalarray (size_t n)
 : idx(), val(), idxmax(n) {}
```

3) Le constructeur de copie et l'opérateur d'affectation sont donnés par

spvalarray.h (suite)

```
template <class T>
spvalarray<T>::spvalarray (const spvalarray<T>& x)
 : idx(x.idx), val(x.val), idxmax(x.idxmax) {}
template <class T>
spvalarray<T>&
spvalarray<T>::operator= (const spvalarray<T>& x) {
  idx = x.idx;
  val = x.val;
  idxmax = x.idxmax;
  return *this;
}
```

4) Le constructeur à partir d'un tableau dense s'effectue en deux boucles. La première compte le nombre d'élements non-nuls et permet de dimensionner les tableaux. La seconde boucle copie les valeurs.

spvalarray.h (suite)

```
template <class T>
spvalarray<T>::spvalarray (const std::valarray<T>& x)
 : idx(), val(), idxmax(x.size()) {
  size_t nnz = 0;
  for (size_t i = 0; i < x.size(); ++i)
    if (x[i] != 0) nnz++;
  idx.resize(nnz);
  val.resize(nnz);
  for (size_t i = 0, p = 0; i < x.size(); ++i) {
    if (x[i] == 0) continue;
    idx[p] = i;
    val[p] = x[i];
    ++p;
  }
}
```

tandis que la conversion en tableau dense s'écrit :

spvalarray.h (suite)

```
template <class T>
spvalarray<T>::operator std::valarray<T>() const {
  std::valarray<T> x (T(0), idxmax);
  for (size_t p = 0; p < nnz(); ++p)
    x[idx[p]] = val[p];
  return x;
}
```

5) Les fonctions d'accès ne présentent pas de difficulté :

spvalarray.h (suite)

```
template <class T>
size_t spvalarray<T>::size() const { return idxmax; }
template <class T>
size_t spvalarray<T>::nnz() const { return idx.size(); }
```

6) En utilisant les fonctionalités de la classe valarray :

spvalarray.h (suite)

```
template <class T>
spvalarray<T>
operator* (const T& c, const spvalarray<T>& x) {
  spvalarray<T> y = x;
  y.val *= c;
  return y;
}
```

7) Par un algorithme de dichotomie :

spvalarray.h (suite)

```
template <class T>
T spvalarray<T>::operator[] (const size_t i) const {
  long pmin = 0, pmax = nnz()-1;
  while (pmin <= pmax) {
    long p = (pmin + pmax)/2;
    if (idx[p] == i) return val[p];
    if (idx[p] < i) pmin = p+1; else pmax = p-1;
  }
  return 0;
}
```

8) La somme des deux vecteurs est :

$$z = x+y = (1, \quad 5, \quad 5, \quad 9, \quad 11, \quad 0)$$

et $nnz(z) = 5$ avec la représentation creuse :

z.val

1	5	5	9	11

z.idx

0	1	2	3	4

9) Le comptage du nombre d'éléments non-nuls d'une somme s'écrit :

spvalarray.h (suite)

```
#include <cassert>
template <class T>
size_t
spvalarray<T>::add_nnz (const spvalarray<T>& y) const {
  assert (idxmax == y.idxmax);
  size_t nnz_z = 0;
  for (size_t p=0, q=0; p < nnz() || q < y.nnz(); ++nnz_z) {
    size_t ix = (p <   nnz()) ?   idx[p] : idxmax;
    size_t iy = (q < y.nnz()) ? y.idx[q] : idxmax;
    if      (ix == iy) { ++p; ++q; }
    else if (ix < iy)  ++p;
    else               ++q;
  }
  return nnz_z;
}
```

10) Ceci permet de dimensionner le tableau contenant le résultat puis

d'y effectuer le calcul :

spvalarray.h (suite)

```
template <class T>
spvalarray <T>
spvalarray <T>::operator+ (const spvalarray <T>& y) const {
   size_t nnz_z = add_nnz(y);
   spvalarray <T> z (idxmax);
   z.idx.resize(nnz_z);
   z.val.resize(nnz_z);
   for (size_t p = 0, q = 0, r = 0;
                p < nnz() || q < y.nnz(); ++r) {
      size_t ix = (p <   nnz()) ?   idx[p] : idxmax;
      size_t iy = (q < y.nnz()) ? y.idx[q] : idxmax;
      if (ix == iy)      { z.idx[r] = ix;
                           z.val[r] = val[p++] + y.val[q++]; }
      else if (ix < iy) { z.idx[r] = ix;
                           z.val[r] = val[p++]; }
      else               { z.idx[r] = iy;
                           z.val[r] = y.val[q++]; }
   }
   return z;
}
```

11) Un format de fichier pour les vecteurs creux et similaire à celui des matrices creuses contiendrait le nombre d'éléments non-nuls suivi des couples (indice,valeur).

Le profil final de la classe est :

spvalarray.h (suite)

```
#include <valarray>
template <class T>
class spvalarray {
   public:
      spvalarray (size_t n = 0);
      spvalarray (const spvalarray <T>&);
      spvalarray (const std::valarray <T>&);
      spvalarray <T>& operator= (const spvalarray <T>&);
      operator std::valarray <T>() const;
      size_t size() const;
      size_t nnz() const;
      T operator[] (const size_t i) const;
      template <class U> friend
      spvalarray <U> operator* (const U&, const spvalarray <U>&);
      spvalarray <T> operator+ (const spvalarray <T>&) const;
   protected:
      std::valarray <size_t> idx;
      std::valarray <T>      val;
      size_t                 idxmax;
      size_t add_nnz (const spvalarray <T>& y) const;
};
```

CORRIGÉ DE L'EXERCICE 23, page 79. (*Somme de deux matrices creuses*)

Cet exercice est très similaire aux questions 9 et 10 de l'exercice précédent, concernant les vecteurs creux : il y a juste à ajouter une boucle sur les lignes creuses de la matrice.

CORRIGÉ DE L'EXERCICE 24, page 88. (*Mesure d'un domaine maillé*)

Il s'agit d'une simple boucle faisant la somme des mesures des éléments :

mesh_meas.h

```
#include "mesh.h"
#include "meas.h"
template<typename T, size_t D>
T meas (const mesh<T,D>& Th) {
  T sum = 0;
  for (size_t e = 0; e < Th.size(); ++e)
    sum += meas(Th,e);
  return sum;
}
```

CORRIGÉ DE L'EXERCICE 25, page 88. (*Longueurs extrêmes des arêtes*)

1) Le cas de la dimension deux correspond à une spécialisation :

mesh_hmax.h (suite)

```
template<typename T>
T hmax (const mesh<T,2>& Th, size_t e) {
  const element<2>& K = Th[e];
  size_t ia = K[0], ib = K[1], ic = K[2];
  const point<T,2>& a = Th.vertex(ia), b = Th.vertex(ib),
                    c = Th.vertex(ic);
  return std::max(dist(a,b), std::max(dist(b,c), dist(c,a)));
}
```

La spécialisation pour $d = 1$ s'obtient en mesurant la longueur de l'élément. Pour $d = 3$, il faudra prendre le maximum des six arêtes du tetraèdre.

2) La fonction générale sur un maillage est :

mesh_hmax.h (suite)

```
template<typename T, size_t D>
T hmax (const mesh<T,D>& Th) {
  T h = 0;
  for (size_t e = 0; e < Th.size(); ++e)
    h = std::max (h, hmax(Th,e));
  return h;
}
```

CORRIGÉ DE L'EXERCICE 26, page 89. (*Qualité d'un maillage*)

1) La vérification est immédiate.

2) L'aire d'un triangle équilatéral K_0 de longueur de coté L est $\text{meas}(K_0) = \sqrt{3}L^2/4$, si bien que $r_{K_0} = L/\sqrt{3}$ et $\rho_{K_0} = L/(2\sqrt{3})$ et finalement $Q_{K_0} = 1/2$.

3) L'écriture des fonctions à partir des formules données pour r_K et ρ_K est similaire à celle de la fonction $\text{meas}(K)$ de ce chapitre ou du calcul de la plus longue arête, comme dans l'exercice précédent.

mesh_quality.h (suite)

```
#include "mesh.h"
#include "meas.h"
template<typename T>
T quality (const mesh<T,2>& Th, size_t e) {
    const element<2>& K = Th[e];
    size_t ia = K[0], ib = K[1], ic = K[2];
    const point<T,2>& a = Th.vertex(ia), b = Th.vertex(ib),
                      c = Th.vertex(ic);
    T ab = dist(a,b), bc = dist(b,c), ca = dist(c,a);
    T area = meas(Th,e);
    T r_K = ab*bc*ca/(4*area);
    T rho_K = 2*area/(ab + bc + ca);
    return 2*rho_K/r_K;
}
```

4) La qualité du maillage s'obtient par itération sur les éléments :

mesh_quality.h (suite)

```
template<typename T, size_t D>
T quality (const mesh<T,D>& Th) {
    T q = 1;
    for (size_t e = 0; e < Th.size(); ++e)
        q = std::min (q, quality(Th,e));
    return q;
}
```

5) Il suffit de compter le nombre d'éléments par tranche :

mesh_quality.h

```
#include "mesh_quality2d.icc"
#include "mesh_quality.icc"
```

6) Dans le cas de la dimension un, il n'y a pas de notion de qualité d'un élément. Dans le cas de la dimension trois, r_k désigne le rayon de la sphère passant par les quatre sommets d'un tétraèdre, et ρ_K le rayon de la plus grande sphère inscrite : l'extension de la notion de qualité est alors immédiate.

Annexe C

GNU free documentation license

Version 1.3, 3 November 2008

Copyright © 2000, 2001, 2002, 2007, 2008 Free Software Foundation, Inc.

<http://fsf.org/>

Preamble

The purpose of this License is to make a manual, textbook, or other functional and useful document "free" in the sense of freedom : to assure everyone the effective freedom to copy and redistribute it, with or without modifying it, either commercially or noncommercially. Secondarily, this License preserves for the author and publisher a way to get credit for their work, while not being considered responsible for modifications made by others.

This License is a kind of "copyleft", which means that derivative works of the document must themselves be free in the same sense. It complements the GNU General Public License, which is a copyleft license designed for free software.

We have designed this License in order to use it for manuals for free software, because free software needs free documentation : a free program should come with manuals providing the same freedoms that the software does. But this License is not limited to software manuals ; it can be used for any textual work, regardless of subject matter or whether it is published as a printed book. We recommend this License principally for works whose purpose is instruction or reference.

1. Applicability and definitions

This License applies to any manual or other work, in any medium, that contains a notice placed by the copyright holder saying it can be distributed under the terms of this License. Such a notice grants a world-wide, royalty-free license, unlimited in duration, to use that work under the conditions stated herein. The "**Document**", below, refers to any such manual or work. Any member of the public is a licensee, and is addressed as "**you**". You accept the license if you copy, modify or distribute the work in a way requiring permission under copyright law.

A "**Modified Version**" of the Document means any work containing the Document or a portion of it, either copied verbatim, or with modifications and/or translated into another language.

A "**Secondary Section**" is a named appendix or a front-matter section of the Document that deals exclusively with the relationship of the publishers or authors of the Document to the Document's overall subject (or to related matters) and contains nothing that could fall directly within that overall subject. (Thus, if the Document is in part a textbook of mathematics, a Secondary Section may not explain any mathematics.) The relationship could be a matter of historical connection with the subject or with related matters, or of legal, commercial, philosophical, ethical or political position regarding them.

The "**Invariant Sections**" are certain Secondary Sections whose titles are designated, as being those of Invariant Sections, in the notice that says that the Document is released under this License. If a section does not fit the above definition of Secondary then it is not allowed to be designated as Invariant. The Document may contain zero Invariant Sections. If the Document does not identify any Invariant Sections then there are none.

The "**Cover Texts**" are certain short passages of text that are listed, as Front-Cover Texts or Back-Cover Texts, in the notice that says that the Document is released under this License. A Front-Cover Text may be at most 5 words, and a Back-Cover Text may be at most 25 words.

A "**Transparent**" copy of the Document means a machine-readable copy, represented in a format whose specification is available to the general public, that is suitable for revising the document straightforwardly with generic text editors or (for images composed of pixels) generic paint programs or (for drawings) some widely available drawing editor, and that is suitable for input to text formatters or for automatic translation to a variety of formats suitable for input to text formatters. A copy made in an otherwise Transparent file format whose markup, or absence of markup, has been arranged to thwart or discourage subsequent modification by readers is not Transparent. An image format is not Transparent if used for any substantial amount of text. A copy that is not "Transparent" is called "**Opaque**".

Examples of suitable formats for Transparent copies include plain ASCII without markup, Texinfo input format, LaTeX input format, SGML or XML using a publicly available DTD, and standard-conforming simple HTML, PostScript or PDF designed for human modification. Examples of transparent image formats include PNG, XCF and JPG. Opaque formats include proprietary formats that can be read and edited only by proprietary word processors, SGML or XML for which the DTD and/or processing tools are not generally available, and the machine-generated HTML, PostScript or PDF produced by some word processors for output purposes only.

The "**Title Page**" means, for a printed book, the title page itself, plus such following pages as are needed to hold, legibly, the material this License requires to appear in the title page. For works in formats which do not have any title page as such, "Title Page" means the text near the most prominent appearance of the work's title, preceding the beginning of the body of the text.

The "**publisher**" means any person or entity that distributes copies of the Document to the public.

A section "**Entitled XYZ**" means a named subunit of the Document whose title either is precisely XYZ or contains XYZ in parentheses following text that translates XYZ in another language. (Here XYZ stands for a specific section name mentioned below, such as "**Acknowledgements**", "**Dedications**", "**Endorsements**", or "**History**".) To "**Preserve the Title**" of such a section when you modify the Document means that it remains a section "Entitled XYZ" according to this definition.

The Document may include Warranty Disclaimers next to the notice which states that this License applies to the Document. These Warranty Disclaimers are considered to be included by reference in this License, but only as regards disclaiming warranties : any other implication that these Warranty Disclaimers may have is void and has no effect on the meaning of this License.

2. Verbatim copying

You may copy and distribute the Document in any medium, either commercially or noncommercially, provided that this License, the copyright notices, and the license notice saying this License applies to the Document are reproduced in all copies, and that you add no other conditions whatsoever to those of this License. You may not use technical measures to obstruct or control the reading or further copying of the copies you make or distribute. However, you may accept compensation in exchange for copies. If you distribute a large enough number of copies you must also follow the conditions in section 3.

You may also lend copies, under the same conditions stated above, and you may publicly display copies.

3. Copying in quantity

If you publish printed copies (or copies in media that commonly have printed covers) of the Document, numbering more than 100, and the Document's license notice requires Cover Texts, you must enclose the copies in covers that carry, clearly and legibly, all these Cover Texts : Front-Cover Texts on the front cover, and Back-Cover Texts on the back cover. Both covers must also clearly and legibly identify you as the publisher of these copies. The front cover must present the full title with all words of the title equally prominent and visible. You may add other material on the covers in addition. Copying with changes limited to the covers, as long as they preserve the title of the Document and satisfy these conditions, can be treated as verbatim copying in other respects.

If the required texts for either cover are too voluminous to fit legibly, you should put the first ones listed (as many as fit reasonably) on the actual cover, and continue the rest onto adjacent pages.

If you publish or distribute Opaque copies of the Document numbering more than 100, you must either include a machine-readable Transparent copy along with each Opaque copy, or state in or with each Opaque copy a computer-network location from which the general network-using public has access to download using public-standard network protocols a complete Transparent copy of the Document, free of added material. If you use the latter option, you must take reasonably prudent steps, when you begin distribution of Opaque copies in quantity, to ensure that this Transparent copy will remain thus accessible at the stated location until at least one year after the last time you distribute an Opaque copy (directly or through your agents or retailers) of that edition to the public.

It is requested, but not required, that you contact the authors of the Document well before redistributing any large number of copies, to give them a chance to provide you with an updated version of the Document.

4. Modifications

You may copy and distribute a Modified Version of the Document under the conditions of sections 2 and 3 above, provided that you release the Modified Version under precisely this License, with the Modified Version filling the role of the Document, thus licensing distribution and modification of the Modified Version to whoever possesses a copy of it. In addition, you must do these things in the Modified Version :

A. Use in the Title Page (and on the covers, if any) a title distinct from that of the Document, and from those of previous versions (which should, if there were any, be listed in the History section of the Document). You may use the same title as a previous version if the original publisher of that version gives permission.

B. List on the Title Page, as authors, one or more persons or entities responsible for authorship of the modifications in the Modified Version, together with at least five of the principal authors of the Document (all of its principal authors, if it has fewer than five), unless they release you from this requirement.

C. State on the Title page the name of the publisher of the Modified Version, as the publisher.

D. Preserve all the copyright notices of the Document.

E. Add an appropriate copyright notice for your modifications adjacent to the other copyright notices.

F. Include, immediately after the copyright notices, a license notice giving the public permission to use the Modified Version under the terms of this License, in the form shown in the Addendum below.

G. Preserve in that license notice the full lists of Invariant Sections and required Cover Texts given in the Document's license notice.

H. Include an unaltered copy of this License.

I. Preserve the section Entitled "History", Preserve its Title, and add to it an item stating at least the title, year, new authors, and publisher of the Modified Version as given on the Title Page. If there is no section Entitled "History" in the Document, create one stating the title, year, authors, and publisher of the Document as given on its Title Page, then add an item describing the Modified Version as stated in the previous sentence.

J. Preserve the network location, if any, given in the Document for public access to a Transparent copy of the Document, and likewise the network locations given in the Document for previous versions it was based on. These may be placed in the "History" section. You may omit a network location for a work that was published at least four years before the Document itself, or if the original publisher of the version it refers to gives permission.

K. For any section Entitled "Acknowledgements" or "Dedications", Preserve the Title of the section, and preserve in the section all the substance and tone of each of the contributor acknowledgements and/or dedications given therein.

L. Preserve all the Invariant Sections of the Document, unaltered in their text and in their titles. Section numbers or the equivalent are not considered part of the section titles.

M. Delete any section Entitled "Endorsements". Such a section may not be included in the Modified Version.

N. Do not retitle any existing section to be Entitled "Endorsements" or to conflict in title with any Invariant Section.

O. Preserve any Warranty Disclaimers.

If the Modified Version includes new front-matter sections or appendices that qualify as Secondary Sections and contain no material copied from the Document, you may at your option designate some or all of these sections as invariant. To do this, add their titles to the list of Invariant Sections in the Modified Version's license notice. These titles must be distinct from any other section titles.

You may add a section Entitled "Endorsements", provided it contains nothing but endorsements of your Modified Version by various parties—for example, statements of peer review or that the text has been approved by an organization as the authoritative definition of a standard.

You may add a passage of up to five words as a Front-Cover Text, and a passage of up to 25 words as a Back-Cover Text, to the end of the list of Cover Texts in the Modified Version. Only one passage of Front-Cover Text and one of Back-Cover Text may be added by (or through arrangements made by) any one entity. If the Document already includes a cover text for the same cover, previously added by you or by arrangement made by the same entity you are acting on behalf of, you may not add another; but you may replace the old one, on explicit permission from the previous publisher that added the old one.

The author(s) and publisher(s) of the Document do not by this License give permission to use their names for publicity for or to assert or imply endorsement of any Modified Version.

5. Combining documents

You may combine the Document with other documents released under this License, under the terms defined in section 4 above for modified versions, provided that you include in the combination all of the Invariant Sections of all of the original documents, unmodified, and list them all as Invariant Sections of your combined work in its license notice, and that you preserve all their Warranty Disclaimers.

The combined work need only contain one copy of this License, and multiple identical Invariant Sections may be replaced with a single copy. If there are multiple Invariant Sections with the same name but different contents, make the title of each such section unique by adding at the end of it, in parentheses, the name of the original author or publisher of that section if known, or else a unique number. Make the same adjustment to the section titles in the list of Invariant Sections in the license notice of the combined work.

In the combination, you must combine any sections Entitled "History" in the various original documents, forming one section Entitled "History"; likewise combine any sections Entitled "Acknowledgements", and any sections Entitled "Dedications". You must delete all sections Entitled "Endorsements".

6. Collections of documents

You may make a collection consisting of the Document and other documents released under this License, and replace the individual copies of this License in the various documents with a single copy that is included in the collection, provided that you follow the rules of this License for verbatim copying of each of the documents in all other respects.

You may extract a single document from such a collection, and distribute it individually under this License, provided you insert a copy of this License into the extracted document, and follow this License in all other respects regarding verbatim copying of that document.

7. Aggregation with independent works

A compilation of the Document or its derivatives with other separate and independent documents or works, in or on a volume of a storage or distribution medium, is called an "aggregate" if the copyright resulting from the compilation is not used to limit the legal rights of the compilation's users beyond what the individual works permit. When the Document is included in an aggregate, this License does not apply to the other works in the aggregate which are not themselves derivative works of the Document.

If the Cover Text requirement of section 3 is applicable to these copies of the Document, then if the Document is less than one half of the entire aggregate, the Document's Cover Texts may be placed on covers that bracket the Document within the aggregate, or the electronic equivalent of covers if the Document is in electronic form. Otherwise they must appear on printed covers that bracket the whole aggregate.

8. Translation

Translation is considered a kind of modification, so you may distribute translations of the Document under the terms of section 4. Replacing Invariant Sections with translations requires special permission from their copyright holders, but you may include translations of some or all Invariant Sections in addition to the original versions of these Invariant Sections. You may include a translation of this License, and all the license notices in the Document, and any Warranty Disclaimers, provided that you also include the original English version of this

License and the original versions of those notices and disclaimers. In case of a disagreement between the translation and the original version of this License or a notice or disclaimer, the original version will prevail.

If a section in the Document is Entitled "Acknowledgements", "Dedications", or "History", the requirement (section 4) to Preserve its Title (section 1) will typically require changing the actual title.

9. Termination

You may not copy, modify, sublicense, or distribute the Document except as expressly provided under this License. Any attempt otherwise to copy, modify, sublicense, or distribute it is void, and will automatically terminate your rights under this License.

However, if you cease all violation of this License, then your license from a particular copyright holder is reinstated (a) provisionally, unless and until the copyright holder explicitly and finally terminates your license, and (b) permanently, if the copyright holder fails to notify you of the violation by some reasonable means prior to 60 days after the cessation.

Moreover, your license from a particular copyright holder is reinstated permanently if the copyright holder notifies you of the violation by some reasonable means, this is the first time you have received notice of violation of this License (for any work) from that copyright holder, and you cure the violation prior to 30 days after your receipt of the notice.

Termination of your rights under this section does not terminate the licenses of parties who have received copies or rights from you under this License. If your rights have been terminated and not permanently reinstated, receipt of a copy of some or all of the same material does not give you any rights to use it.

10. Future revision of this licence

The Free Software Foundation may publish new, revised versions of the GNU Free Documentation License from time to time. Such new versions will be similar in spirit to the present version, but may differ in detail to address new problems or concerns. See http://www.gnu.org/copyleft/.

Each version of the License is given a distinguishing version number. If the Document specifies that a particular numbered version of this License "or any later version" applies to it, you have the option of following the terms and conditions either of that specified version or of any later version that has been published (not as a draft) by the Free Software Foundation. If the Document does not specify a version number of this License, you may choose any version ever published (not as a draft) by the Free Software Foundation. If the Document specifies that a proxy can decide which future versions of this License can be used, that proxy's public statement of acceptance of a version permanently authorizes you to choose that version for the Document.

11. Relicensing

"Massive Multiauthor Collaboration Site" (or "MMC Site") means any World Wide Web server that publishes copyrightable works and also provides prominent facilities for anybody to edit those works. A public wiki that anybody can edit is an example of such a server. A "Massive Multiauthor Collaboration" (or "MMC") contained in the site means any set of copyrightable works thus published on the MMC site.

"CC-BY-SA" means the Creative Commons Attribution-Share Alike 3.0 license published by Creative Commons Corporation, a not-for-profit corporation with a principal place of business in San Francisco, California, as well as future copyleft versions of that license published by that same organization.

"Incorporate" means to publish or republish a Document, in whole or in part, as part of another Document.

An MMC is "eligible for relicensing" if it is licensed under this License, and if all works that were first published under this License somewhere other than this MMC, and subsequently incorporated in whole or in part into the MMC, (1) had no cover texts or invariant sections, and (2) were thus incorporated prior to November 1, 2008.

The operator of an MMC Site may republish an MMC contained in the site under CC-BY-SA on the same site at any time before August 1, 2009, provided the MMC is eligible for relicensing.

Addendum : how to use this license for your documents

To use this License in a document you have written, include a copy of the License in the document and put the following copyright and license notices just after the title page :

Copyright © YEAR YOUR NAME. Permission is granted to copy, distribute and/or modify this document under the terms of the GNU Free Documentation License, Version 1.3 or any later version published by the Free Software Foundation ; with no Invariant Sections, no Front-Cover Texts, and no Back-Cover Texts. A copy of the license is included in the section entitled "GNU Free Documentation License".

If you have Invariant Sections, Front-Cover Texts and Back-Cover Texts, replace the "with ... Texts." line with this :

with the Invariant Sections being LIST THEIR TITLES, with the Front-Cover Texts being LIST, and with the Back-Cover Texts being LIST.

If you have Invariant Sections without Cover Texts, or some other combination of the three, merge those two alternatives to suit the situation.

If your document contains nontrivial examples of program code, we recommend releasing these examples in parallel under your choice of free software license, such as the GNU General Public License, to permit their use in free software.

Bibliographie

[1] P. Alliez, A. Fabri, and E. Fogel. Computational geometry algorithm library, 2008. http://www.cgal.org.

[2] E. Anderson, Z. Bai, C. Bischof, S. Blackford, J. Demmel, J. Dongarra, J. Du Croz, A. Greenbaum, S. Hammarling, A. McKenney, and D. Sorensen. *Lapack user's guide.* SIAM, Philadelphia, USA, third edition, 1999. http://www.netlib.org/lapack.

[3] O. Axelsson and V. A. Barker. *Solution of boundary value problems. Theory and computation.* SIAM, Philadelphia, PA, USA, second edition, 2001.

[4] R. Barrett, M. Berry, T. F. Chan, J. Demmel, J. M. Donato, J. Dongarra, V. Eijkhout, R. Pozow, C. Romine, and H. van der Vorst. *Templates for the solution of linear systems.* SIAM, Philadelphia, PA, USA, second edition, 1994. http://www.netlib.org/templates.

[5] F. Di Benedetto, G. Fiorentino, and S. Serra. CG preconditioning for Toeplitz matrices. *Computers & Mathematics with Applications*, 25(6) :35–45, 1993.

[6] M. Benzi. Preconditioning techniques for large linear systems : a survey. *J. Comput. Phys.*, 182(2) :418–477, 2002.

[7] C. Blaess. *Shells linux et unix par la pratique.* Eyrolles, Paris, 2008.

[8] J.-D. Boissonnat and M. Yvinec. *Géométrie algorithmique.* Ediscience international, Paris, 1995.

[9] R. Boisvert, R. Pozo, and K. Remington. The matrix market exchange formats : initial design. Technical Report NISTIR-5935, National Institute of Standards and Technology, 1996. http://math.nist.gov/MatrixMarket.

[10] The Boost community. *The boost C++ library.* http://www.boost.org/doc, 2004.

[11] B. J. Brown, K. Buschelman, V. Eijkhout, W. Gropp, D. Kaushik, M. Knepley, L. C. McInnes, B. Smith, and H. Zhang. *PETSc : portable, extensible toolkit for scientific computation.* Argone national laboratory, 2011.

[12] E. Chu, A. George, J. Liu, and E. Ng. SPARSEPAK : Waterloo sparse matrix package. users' guide for SPARSEPAK-A. Technical report, Univ.

Waterloo, Waterloo, Ontario, USA, 1984. http://people.sc.fsu.edu/ ~jburkardt/f_src/sparsepak/sparsepak.html.

[13] P. Ciarlet. *The finite element method for elliptic problems.* SIAM, Philadelphia, USA, second edition, 2002.

[14] P. G. Ciarlet. Basic error estimates for elliptic problems. In P. G. Ciarlet and J.-L. Lions, editors, *Handbook of numerical analysis. Volume 2. Finite element methods (part 1)*, chapter 2, pages 18–351. Elsevier, 1991.

[15] T. Cormen, C. Leiserson, R. Rivest, and C. Stein. *Algorithmique. Cours, exercices et problèmes.* Dunod, Paris, third edition, 2010.

[16] P. D'Alberto and A. Nicolau. Adaptive Strassen's matrix multiplication. In *Proceedings of the 21st annual international conference on supercomputing*, pages 284–292, 2007.

[17] T. A. Davis and I. S. Duff. An unsymmetgric-pattern multifrontal method for sparse LU factorization. Technical Report TR-94-038, University of Florida, 1994.

[18] J. Dongarra, A. Lumsdaine, R. Pozo, and K. Remington. A sparse matrix library in C++ for high performance architectures. In *Proceedings of the second object oriented numerics conference*, pages 214–218, 1992. http://math.nist.gov/iml++.

[19] D. Dougherty and A. Robbins. *Sed & awk.* O'Reilly, USA, 1997.

[20] J. W. Eaton, D. Bateman, and S. Hauberg. *Octave : A high-level interactive language for numerical computations.* Free software fundation, 2011. http://www.gnu.org/software/octave.

[21] S. C. Eisenstat, M. C. Gursky, M. H. Schultz, and A. H. Sherman. Yale sparse matrix package. I. the symmetric codes. Technical report, Yale Univ., 1977.

[22] A. B. Fontaine. *La bibliothèque standard STL du C + +.* Masson, Paris, 1997.

[23] M. Frigo and S. G. Johnson. The design and implementation of FFTW3. *Proceedings of the IEEE*, 93(2) :216–231, 2005. http://www.fftw.org.

[24] A. George and J. W. Liu. *Computer solution of large sparse positive systems.* Prentice Hall, Englewood, New-Jersey, USA, 1981.

[25] P. L. George and H. Borouchaki. *Triangulation de Delaunay et maillage. Applications aux éléments finis.* Hermès, Paris, 1997.

[26] G. H. Golub and C. F. van Loan. *Matrix computations.* The John Hopkins University Press, Baltimore, MD, USA, third edition, 1996.

[27] G. H. Golub and G. A. Meurant. *Résolution numérique des grands systèmes linéaires.* Eyrolles, Paris, 1983.

[28] T. Granlund. *GMP : the GNU multiple precision arithmetic library.* Free software foundation, 2012. http://gmplib.org.

[29] G. Guennebaud and B. Jacob. Eigen documentation, 2008. `http://eigen.tuxfamily.org`.

[30] F. Hecht. *BAMG : bidimensional anisotropic mesh generator*, 2006. `http://www.ann.jussieu.fr/~hecht/ftp/bamg`.

[31] M. Heideman, D. Johnson, and C. Burrus. Gauss and the history of the fast Fourier transform. *ASSP Magazine, IEEE*, 1(4) :14–21, 1985.

[32] Y. Hida, X. S. Li, and D. H. Bailey. Library for double-double and quad-double arithmetic, 2008. `http://crd.lbl.gov/~dhbailey/mpdist`.

[33] D. E. Knuth. *The art of computer programming. Volume 1. Fundamental algorithms.* Addison Wesley, Reading, 1969.

[34] D. E. Knuth. *The art of computer programming. Volume 2. Seminumerical algorithms.* Addison Wesley, Reading, second edition, 1981.

[35] P. Lascaux and R. Théodor. *Analyse numérique matricielle appliquée à l'art de l'ingénieur. Tome 1.* Masson, Paris, 1986.

[36] M. Lehn. Everything you always wanted to know about FLENS, but you were efraid to ask, 2008. `http://flens.sourceforge.net`.

[37] X. S. Li, J. W. Demmel, J. R. Gilbert, and M. Shao. *SuperLU user's guide.* Univ. of California, Berkeley, USA, 2010. `http://acts.nersc.gov/superlu`.

[38] G. Meurant. *Computer solution of large linear systems.* Elsevier, 1999.

[39] D. R. Musser, G. J. Derge, and A. Saini. *STL tutorial and reference guide. C++ programming with the standard template library.* Addison Wesley, Reading, second edition, 2001.

[40] R. Pozo. Template numerical toolkit : an interface for scientific computing in c++, 2004. `http://math.nist.gov/tnt`.

[41] W. H. Press, S. A. Teulkolsky, W. T. Vetterling, and B. P. Flannery. *Numerical recepies in C. The art of scientific computing.* Cambridge University Press, UK, 1994. `http://www.nrbook.com/a/bookcpdf.php`.

[42] P. A. Raviart and J. M. Thomas. *Introduction à l'analyse numerique des équations aux dérivées partielles.* Masson, Paris, 1983.

[43] J.-F. Remacle and C. Geuzaine. Gmsh : a three-dimensional finite element mesh generator with built-in pre- and post-processing facilites, 2007. `http://geuz.org/gmsh`.

[44] S. Robinson. Toward an optimal algorithm for matrix multiplication. *SIAM news*, 38(9) :1–5, 2005.

[45] Y. Saad. *Sparskit : a basic tool-kit for sparse matrix computation.* Y. Saad, Minneapolis, USA, 1994. `http://www-users.cs.umn.edu/~saad`.

[46] Y. Saad. *Iterative methods for sparse linear systems.* SIAM, Philadelphia, USA, second edition, 2000.

[47] M. Sala and M. Heroux. Robust algebraic preconditioners with IFPACK 3.0. Technical Report SAND-0662, Sandia National Laboratories, 2005. http://trilinos.sandia.gov/packages/ifpack.

[48] C. Sanderson. Armadillo : an open source C++ linear algebra library for fast prototyping and computationally intensive experiments. Technical report, NICTA, 2010. http://arma.sourceforge.net.

[49] P. Saramito. *Efficient C++ finite element computing with Rheolef.* CNRS and LJK, 2011. http://www-ljk.imag.fr/membres/Pierre.Saramito/rheolef.

[50] W. Schroeder, K. Martin, and B. Lorensen. *The visualization toolkit : an object-oriented approach to 3D graphics.* Kitware, USA, third edition, 2002.

[51] K. Shoemake. Animating rotation with quaternion curves. *SIGGRAPH*, 19(3) :245–254, 1985.

[52] A. H. Squillacote. *Paraview user's guide.* Kitware, USA, 2011. http://www.paraview.org.

[53] G. W. Stewart. Building an old-fashioned sparse solver. Technical report, Uiversity of Maryland, USA, 2003.

[54] V. Strassen. Gaussian elimination is not optimal. *Numer. Math.*, 13(4) :354–356, 1969.

[55] B. Stroustrup. *Le language C++.* Addison Wesley, Reading, special edition, 2001.

[56] P. N. Swarztrauber. *Vectorizing the FFTs*, pages 51–83. Academic Press, New York, 1982. http://www.netlib.org/fftpack.

[57] P. N. Swarztrauber, R. A. Sweet, and J. C. Adams. `fishpack` : efficient fortran subprograms for the solution of elliptic partial differential equations. Technical report, Univ. Corp. for Athmospheric research (UCAR), 1999. http://www2.cisl.ucar.edu/resources/legacy/fishpack.

[58] W. F. Tinney and J. W. Walker. Direct solutions of sparse network equations by optimally ordered triangular factorization. *proceedings of the IEEE*, 55(11) :1801, 1967.

[59] T. veldhuisen. Blitz++ : a C++ class library for scientific computing, 2006. http://blitz.sourceforge.net.

[60] T. Veldhuizen. Techniques for scientific C++. Technical Report 542, Indiana University, Computer Science, 2000.

[61] J. Walter and M. Koch. Boost/ublas : basic linear algebra library, 2012. http://www.boost.org/libs/numeric.

[62] A.F. Ware. Fast approximate Fourier transforms for irregularly spaced data. *SIAM review*, 40(4) :838–856, 1998.

[63] T. Williams and C. Keley. `gnuplot` : an interactive program, 2010. http://www.gnuplot.info.

[64] O. C. Zienkiewicz and R. L. Taylor. *The finite element method. Volume 1. The basis.* Butterworth-Heinemann, Newton, MA, USA, fifth edition, 2000.

Liste des fichiers d'examples

Liste des exercices

Index